粤港澳大湾区创业生态报告2019

任 颋 杨鎏嵩 主 编

北京大学汇丰商学院
企业发展研究所课题组　编 著

企业管理出版社

图书在版编目（CIP）数据

粤港澳大湾区创业生态报告 2019 / 任颋，杨鎏嵩主编 . —北京：企业管理出版社，2019.11

ISBN 978-7-5164-2055-3

Ⅰ. ①粤… Ⅱ. ①任…②杨… Ⅲ. ①创业—研究报告—广东、香港、澳门— 2019 Ⅳ. ① F249.276

中国版本图书馆CIP数据核字（2019）第239489号

书　　名：	粤港澳大湾区创业生态报告 2019
主　　编：	任　颋　杨鎏嵩
责任编辑：	尚元经　李　坚
书　　号：	ISBN 978-7-5164-2055-3
出版发行：	企业管理出版社
地　　址：	北京市海淀区紫竹院南路17号　　邮编：100048
网　　址：	http：//www.emph.cn
电　　话：	编辑部（010）68414643　发行部（010）68701816
电子信箱：	qiguan1961@163.com
印　　刷：	三河市东方印刷有限公司
经　　销：	新华书店
规　　格：	170毫米×230毫米　16开本　15印张　175千字
版　　次：	2020年1月第1版　2020年1月第1次印刷
定　　价：	80.00元

版权所有　翻印必究·印装错误　负责调换

前　言

　　推动"大众创业、万众创新"是充分激发亿万群众智慧和创造力的重大改革举措，是实现国家强盛、人民富裕的重要途径。近年来，随着"大众创业、万众创新"持续向更大范围、更高层次和更深程度推进，创新创业与经济社会发展深度融合，对推动新旧动能转换和经济结构升级、扩大就业和改善民生、实现机会公平和社会纵向流动发挥了重要作用。

　　粤港澳大湾区集聚了众多优质的创业关键要素，为粤港澳创业者们提供了共研、共联、共创、共享的创新土壤与成长机制。其中，深圳作为粤港澳大湾区"双创"驱动核心引擎、中国特色社会主义先行示范区，致力于充分发挥国际化创新型城市的先发优势，积极吸引和对接全球创新资源，建设开放互通、布局合理的区域"双创"体系，以国家自主创新示范区和国家双创示范基地为载体，与香港、澳门共同探索建立创新创业交流机制，共享创新创业资源，完善创新创业生态体系。创业要素在粤港澳大湾区中有效流动，"广州—深圳—香港—澳门"科技创新走廊日趋完善，国际化创业平台纷纷涌现，为5G、人工智能、大数据、云计算、区块链等新兴产业持续发展提供重要保障。高质量的"双创"环境，推动了以企业为主体、市场为导向、产学研深度融合的科技创新体系构建，促进科技成果有效转化，为创业活动提供了聚焦新技术应用和产业融合的良好发展氛围。

当前，我国经济已由高速增长阶段转向高质量发展阶段，对推动"大众创业、万众创新"的工作提出了新的更高要求。由北京大学汇丰商学院企业发展研究所发起编撰的《粤港澳大湾区创业生态报告2019》，以粤港澳大湾区创业环境和创业行为作为样本，既研究了影响创业环境的各种宏观因素，又对不同身份创业者的行为和选择进行了对比分析。报告的编制发布为进一步促进粤港澳地区深入实施创新驱动发展战略、推动创新创业高质量发展，进一步增强创业带动就业能力、提升科技创新和产业发展活力提供了政策与实践的重要参考。

《粤港澳大湾区创业生态报告2019》通过深圳湾创业指数、粤港澳大湾区各城市创业政策体系、粤港澳大湾区海归青年创业、粤港澳大湾区港澳青年创业，以及粤港澳大湾区孵化器建设情况等五个方面来研究粤港澳大湾区的整体创业生态。第一章《北大汇丰·深圳湾创业指数报告2018》，从总体指数、特征指数两个层面出发，通过长期问卷跟踪的方式，对比分析不同身份的创业者对创业环境的评价，研究了环深圳湾地区创业环境的特征差异和行业差异。第二章《粤港澳大湾区各城市创业政策分析》，通过分析、对比粤港澳大湾区"9+2"城市的创业扶持政策体系，提出注重创业教育、加大政策推广力度、注重创新创业环境综合发展建设等建议。第三章《粤港澳大湾区海归青年创业报告》，通过对海归青年在粤港澳大湾区中创业情况的描述，并结合大湾区城市针对海归青年创业的政策，分析了大湾区海归青年创业的发展趋势。第四章《粤港澳大湾区港澳青年创业报告》，通过对港澳青年大湾区创业画像描述与港澳青年大湾区创业行业特征分析，提出切实加强港澳青年创新创业基地建设、加大财政政策扶持力度、建立面向港澳青年的共同信息平台等建议。第五章《粤港澳大湾区创业孵化器建设报告》，重点研究创业孵化器的发展演变历程与大湾区城市孵化器建设情况，分析了大湾区孵化器运营模式，对大湾区孵化器的发展升级提出了切实可行的建议与对策，并梳理展示了代表性创业孵化器的模式特色。

  本报告是北京大学汇丰商学院企业发展研究所课题组集体努力的成果，由任颋（北京大学汇丰商学院副院长、博士研究生导师、企业发展研究所所长）任课题组组长，杨鎏嵩（深圳市德真企业管理咨询有限责任公司总经理、北京大学汇丰商学院工商管理硕士）任课题组副组长。各章执笔情况如下：第一章：杨鎏嵩（深圳市德真企业管理咨询有限责任公司总经理、北京大学汇丰商学院工商管理硕士）、耿晶（深圳市德真企业管理咨询有限责任公司高级研究员）；第二章：王丹芬（深圳市德真企业管理咨询有限责任公司高级研究员）；第三章：白敬璇、孙晨亮（北京大学汇丰商学院财经传媒专业硕士研究生）；第四章：白敬璇、孙晨亮、缪毓雪（北京大学汇丰商学院财经传媒专业硕士研究生）；第五章：张家栋（深圳市德真企业管理咨询有限责任公司高级研究员）。

  "北大汇丰·深圳湾创业指数"追踪研究由北京大学汇丰商学院企业发展研究所发起并主持，得到了深圳源泉汇创业孵化器、深圳市青年科技人才协会、香港岭南大学Entrepreneurship Education、深圳市中创创业研究院、深圳市德真企业管理咨询有限责任公司等创业服务机构及众多创业孵化器的支持参与，在此予以诚挚感谢。同时，感谢深圳市海外留学归国人员协会及会长杨鹏先生对《粤港澳大湾区海归青年创业报告》和《粤港澳大湾区港澳青年创业报告》的撰写所提供的内容与数据支持，以及中安传媒梁晓琳女士的技术协助。

  本报告所得出的评估结论，仅呈现既定研究框架下的分析结果，并不代表任何课题组成员所服务机构的观点和意见。至于研究中所存在的疏漏，则由课题组负责人承担。

编　者
2019年9月

目 录

第一章 北大汇丰·深圳湾创业指数报告2018

第一节 深圳湾创业指数全年度波动趋势 3

　　一、全年指数稳中趋降，创业态度回归理性 5

　　二、月度指数波动较大，下半年出现较大调整 6

　　三、区域指数差异较大，创业活动分布不平衡 8

第二节 创业者特征对创业指数的影响分析 10

　　一、性别差异 10

　　二、年龄差异 12

　　三、身份差异 14

　　四、学历差异 16

第三节 行业差异对创业指数的影响分析 19

　　一、信息通讯行业 19

　　二、商业服务业 24

三、电子商务行业 30

　　四、机器人/可穿戴/智能制造行业 35

第二章　粤港澳大湾区各城市创业政策分析

第一节　2018年各城市创业扶持政策概览 44

　　一、创业扶持政策背景 44

　　二、粤港澳大湾区城市2018年经济统计数据 46

　　三、粤港澳大湾区各城市促进创业政策体系概览 ... 48

第二节　粤港澳大湾区各城市主要创业扶持政策 51

　　一、广州 51

　　二、深圳 56

　　三、珠海 64

　　四、佛山 68

　　五、惠州 73

　　六、东莞 77

　　七、中山 81

　　八、江门 90

　　九、肇庆 95

　　十、香港 100

　　十一、澳门 106

第四节　各城市政策对比与改进建议 111
一、政策对比 111
二、政策建议 112

第三章　粤港澳大湾区海归青年创业报告

第一节　海归青年概况 116
一、我国留学教育基本情况 116
二、新一轮"海归潮"已拉开序幕 119
三、海归青年的重大价值 121
四、新时代海归青年画像描述 124

第二节　海归青年创业总体趋势 132
一、海归青年创业基本情况 132
二、新时代海归创业青年画像 135

第三节　大湾区城市针对海归青年创业的政策 140
一、大湾区城市海归人才激励政策 141
二、大湾区城市留学生创业园、孵化器建设 144

第四节　大湾区城市海归青年创业大数据分析 146
一、大湾区各城市海归概况及创办企业数量 146
二、大湾区海归青年创业主要行业领域及社会
　　经济效益 150

三、海归青年创业过程中的问题 151
　　四、大湾区海归青年创业的未来趋势 153

第四章　粤港澳大湾区港澳青年创业报告

第一节　港澳青年湾区创业现状概述 162
　　一、港澳青年大湾区创业的基本情况 162
　　二、港澳青年湾区创业画像描述 164
　　三、港澳青年湾区创业行业特征分析 165

第二节　各城市协力支持港澳青年大湾区创业 168
　　一、各地支持政策 168
　　二、大湾区港澳青年创业基地概况 174
　　三、港澳青年在大湾区创业遇到的瓶颈 186
　　四、粤港澳大湾区推动港澳青年创业的政策与
　　　　建议 190

第五章　粤港澳大湾区创业孵化器建设报告

第一节　孵化器的发展演变历程 194

第二节　大湾区城市孵化器建设情况 196
　　一、珠三角城市群孵化生态建设情况 196
　　二、港澳特别行政区孵化生态建设情况 202

第三节　大湾区孵化器运营模式分析……204

一、孵化器服务内容综述……204

二、按运营主体分类的运营模式分析……206

三、孵化器运营中存在的问题……211

四、孵化器发展方向……212

五、大湾区孵化器建设政策建议……213

第四节　大湾区代表性孵化器概览……214

一、微漾——"产业地产+产业创新+科技金融"融合发展的推动者……214

二、微游汇——移动互联产业链创业资源整合者……216

三、星云加速器——国内首家配套云手板工厂的加速器……217

四、源创力孵化器——海外源头创新资源与中国产业需求的连接者……218

五、源泉汇创业孵化器——中以交流合作践行者……219

六、太库全球孵化器——全球创新中心运营和创新资源整合者……221

七、珊瑚群——生态型创新加速器的开创者……222

八、WE+酷窝——国内联合办公的领创者……224

九、IDH创展谷——创投型孵化器先行者……225

参考文献……227

| 第一章 |

北大汇丰·深圳湾创业指数报告2018

深圳，作为全国创新创业氛围最浓厚的城市之一，拥有高度活跃的资本市场、得天独厚的地域优势，人才流、信息流在这里高度交汇，是一座天生适合创业的城市。粤港澳大湾区整体的创新创业活动在这里以高度凝练升华的形态呈现。改革开放40多年来，腾讯、华为、比亚迪等明星创业企业纷纷在这里崛起，华大基因、大疆、大族激光等创业奇迹也在激励着越来越多的深圳人投身到创业浪潮中。2018年，深圳全社会研发投入超过千亿元，占GDP比提升至4.05%，已超过欧美发达国家以及日本的平均水平。

在这样的背景下，如何长期营造、保持一个良好的创业氛围，是社会各界共同关心的话题。其中，对创业环境的研究尤为关键。关注创业环境的变化，特别是对以环深圳湾地区为核心的整个大湾区科技环境、融资环境、人才环境、政策法规环境、市场环境和文化环境等进行深入分析，既可以帮助创业者评估最新趋势，把握氛围导向，也可以为政策制定者提供更为精准的决策依据。

由北京大学汇丰商学院副院长、企业发展研究所所长任颋教授发起并主持，联合多家创业服务机构共同进行的这项持续性研究，旨在编制评估环深圳湾地区整体创业环境的"创业指数"，同时发布"深圳湾创业环境报告"，为创业者、投资者和政策制定者提供参考。

2018年，项目组在环深圳湾地区选取了2000余家（次）创业企业，通过月度问卷以及深度访谈的方式追踪调研，获取创业者对当前创业环境的直观感受，并据此编制深圳湾创业环境月度指数、半年度指数以及全年度指数，定期对外发布。

第一节 深圳湾创业指数全年度波动趋势

创业指数主要反映创业者对创业环境的直观感受。一般来说，创业环境中包括科技环境、人才环境、政策环境、市场环境、融资环境和文化环境等维度，各个维度会受到不同因素的直接影响。具体而言，影响深圳湾地区创业者对创业环境评价的主要因素如表1-1所示。

表1-1　　　　　　　影响创业环境评价的因素

环境维度	影响因素
科技环境	技术发展趋势以及成熟度
	技术转移平台和转移机制
人才环境	人才流动率
	招聘、培训成本

续表

环境维度	影响因素
政策环境	税、费制度
	政府引导、扶持政策
	市场监管机制
市场环境	产业链成熟度
	行业周期
	宏观市场环境变化
	行业竞争强度
融资环境	资本市场活跃度
	融资成本
	投资偏好
文化环境	创业交流活动活跃度
	创赛、媒体报道等
其他环境	房租、水电价格
	交通便利度、通勤时间
	商业服务成熟度

就深圳湾创业指数全年的波动情况来看，深圳湾创业指数的年度指数为47.5，显示创业者对创业环境的评价水平总体处在偏积极的水平。其中，1月、3月、5月和6月的月度指数相对较高，10月至12月的评价水平则有所下降。指数在各个月份呈现出较大的波动趋势，显示创业环境变化对创业者认知评价产生较为显著的影响。

不同身份（如年龄、学历、性别等）的创业者，对上述因素的敏感程度以及评价标准也存在较大差异，我们通过对深圳湾创业指数的分析予以呈现。总体上，2018年深圳湾创业指数呈现出以下几个特点。

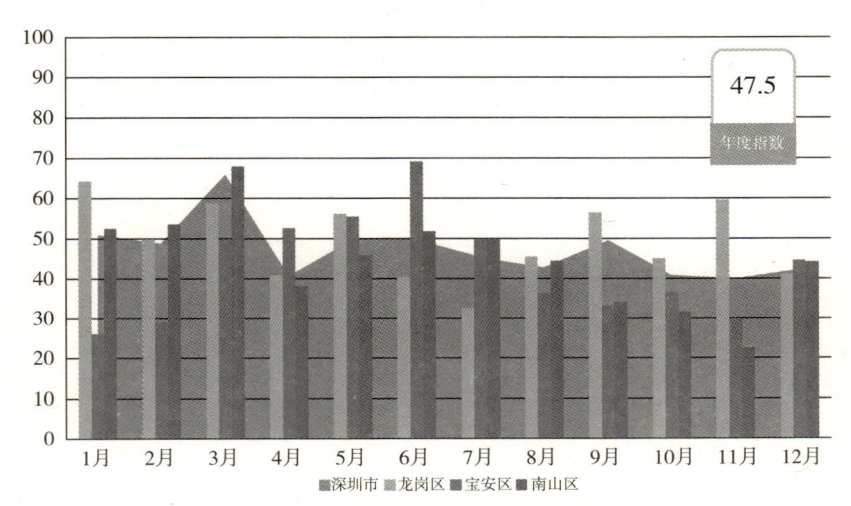

图1-1　2018年深圳市各区创业月度指数

一、全年指数稳中趋降，创业态度回归理性

纵观全年数据，深圳湾地区创业指数整体呈现出下行的趋势。同时，企业注册数量也反映出2018年深圳湾地区整体创业活跃度的持续下降，整体创业行为正在趋于理性。

事实上，自2016年下半年开始，创业活动的热度就呈现出缓慢减退的状态。一方面，"资本寒冬"的长期持续，使创业企业的融资难度越来越高；另一方面，一些泡沫化的"创业神话"接连破灭，极低的创业成功率也在一定程度上减弱了冲动型创业者的创业热情。从2018年开始，创业项目的类别发生了很大转变，商业模式创新类项目的比例有所降低，而科技创新类项目，或有一定研发基础、技术储备的创业团队数量在逐渐增多。因此，即使表面上看2018年的创业热度有所减退，但创业行为、创业理念正逐渐回归理性，创业活动在朝着健康有序的方向发展。

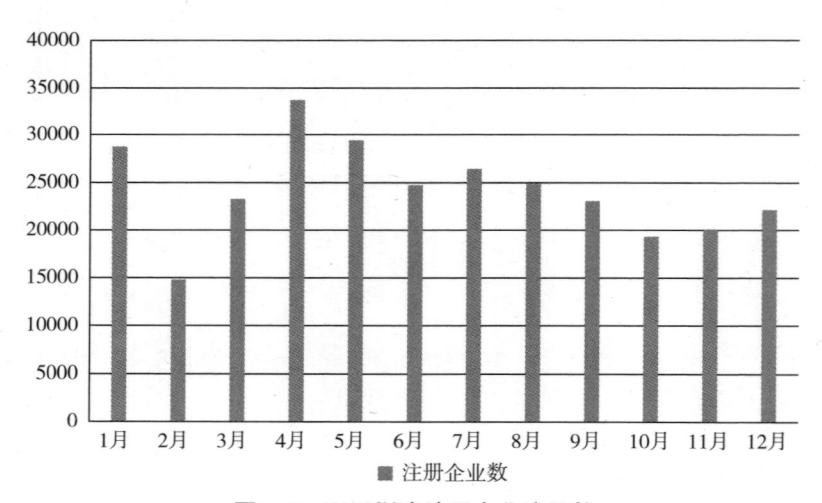

图1-2　环深圳湾地区企业注册数

二、月度指数波动较大，下半年出现较大调整

创业月度指数呈现出较为明显的波动变化趋势。整体来

看，创业者对2018年上半年的总体评价水平要高于下半年。

上半年中，2月份的指数相对较低，这主要是受到春节假期的影响。从创业企业注册数量上也可以明显看到，春节期间是创业活动活跃度最低的时段。一般来说，春节期间的市场活跃度会明显下降，创投活动基本处于停滞状态，就业市场上人员开始频繁流动，甚至房租都会出现整体上涨的现象。以上种种变化对于大中型企业也许影响甚微，但对处于萌发期的初创企业来说，影响却是巨大的，甚至是致命的。受此影响，春节前后会有大量初创企业停止运营，创业活动也会受到极大的抑制。

除此之外，中美贸易战也影响了创业者对创业环境的评价。美国政府在2018年4月4日发布了加征关税的商品清单，对输美的1333项500亿美元的商品加征25%的关税，这标志着中美贸易战的正式开始。受此影响，创业月度指数也在4月份呈现出全年的最低表现。事实上，除外贸型中小企业外，多数创业企业在此时基本还未受到贸易战的实质影响，指数的下降主要来自于创业者对市场前景预期的下调，以及受到制造业、金融业等相关行业的恐慌氛围影响。与此同时，风投资本的活跃度也从这个时期开始出现明显的下降趋势。

2018年下半年开始，除9月份有一个短暂的回升外，创业指数一直维持在较低水平。除贸易战对产业链带来的负面作用逐渐显现外，融资环境恶化是创业者对创业环境评价下降的最大原因。在风险投资领域，由于受防范金融风险的宏观经济影响，创投机构募资和退出情况均不甚理想。一方面，在严监管、去杠杆的背景下，银行、资管等资金较难通过资金池业务进入股权投资市场；另一方面，IPO、新三板等主要退出通道受阻，创投机构退出压力也在增大。因此，整个2018年度，风投资本的投资企业数量，以及平均投资金额，均有不同程度的下降。与此同时，在债权融资方面，中小企业融资难、融资贵的难题也仍未得到根本解决，融资瓶颈始终是创业企业面临的最大困境。

三、区域指数差异较大，创业活动分布不平衡

深圳市市场监督管理局公开数据显示，2018年深圳市新增创业企业共计290966户，其中龙岗、南山、宝安、福田四个区合计新增创业企业227694户，占全市新增创业企业总数的78.4%，创业活动最为活跃。而盐田、坪山、光明、大鹏四区创业活动则相对较弱，年度新增创业企业数均低于1万户，其中新增创业企业最少的大鹏区仅增加844户，是龙岗区新增创业企业数的1.3%左右。

尽管深圳市龙岗、南山、宝安、福田等区保持了较高的创业活跃度，但相较于往年，区域内创业企业数量的增速均有所

放缓。其中，龙岗区新增创业企业数同比下降14.6%，南山区新增创业企业数同比下降21.4%，宝安区新增创业企业数同比下降8.3%，福田区新增创业企业数同比下降31.3%，龙华区新增创业企业数同比下降高达45.1%。相比之下，深圳周边城市如东莞2018年新增企业数量11.76万，同比增长15.9%，中山市2018年新增企业数量7.99万户，同比增长9.3%，广州2018年新增企业数量27.97万，同比增长35.2%。

区域差异方面，由于深圳市各区产业结构、扶持政策、创新环境等各不相同，各区的创业指数差异较大。以深圳市创业活动最活跃的龙岗、南山和宝安三个区为例，龙岗区、南山区以及宝安区的年度创业指数依次是48.2、47.2和41.1。其中，龙岗区和南山区年度创业指数与深圳市年度指数基本一致，而宝安区年度创业指数则相对较低。具体到各月，龙岗区和南山区上半年评价水平总体接近，变化趋势大体相同；而下半年两个区的指数波动较大，并出现了反向变化趋势。这种反向变化在11月份表现最为突出。龙岗区11月的创业指数为59.6，为全年最高。而南山区11月创业指数则为22.6，居全年最低位。宝安区创业指数在2018年一季度以较大差距落后于其他区的情况下，自4月起开始显著提升，并于6月份达到了全年最高值69.2，进入下半年后，变化趋势与南山区接近。这些变化，与各区采取的与创业环境相关的创业引导政策以及宏观因素带来的行业差异有关。

第二节　创业者特征对创业指数的影响分析

一、性别差异

2018年深圳湾创业指数的创业者性别差异数据显示，深圳湾地区的女性创业者对创业环境的评价普遍高于男性创业者。虽然从数值上来看，女性创业者的年度指数为48.2，仅比男性创业者年度指数47.3高出0.9左右，相差似乎不大，但具体到各个月份中，男性创业者仅在6月、8月、11月、12月四个月份中，对创业环境的评价略高于女性创业者，而在其他月份里对创业环境的评价均显著低于女性。

通过调研发现，女性创业者在选择创业项目时多数会从个人兴趣入手，这使得女性创业者对外部创业环境的要求相对较为宽容。同时，出于兴趣爱好而创业也使女性在创业过程中更能保持积极乐观的心态。相对而言，男性创业者在选择创业项目时，会较多地考虑技术发展趋势，产品和市场成熟度，甚至风投资本偏好等因素。这种思维模式下选择的项目较易受到外界影响，对创业环境的要求会相对较高。

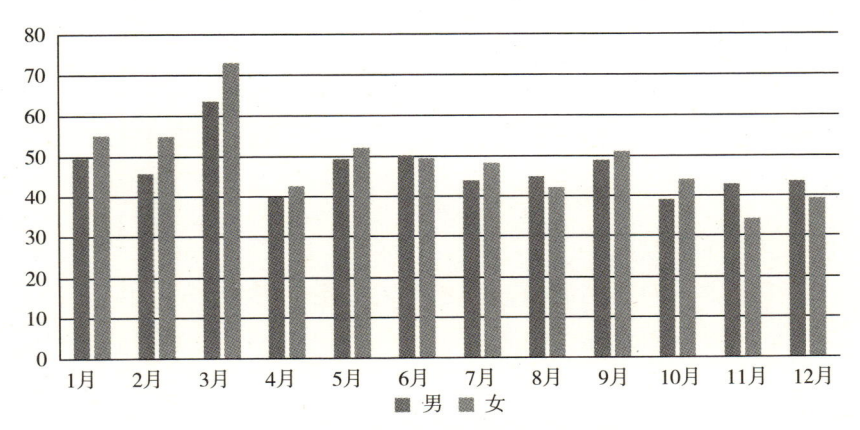

图1-3　深圳湾创业指数的创业者性别差异

有趣的是，男性的创业指数高于女性的四个月份恰好是创业指数出现向下波动的月份。据此我们推断，相较于男性，女性创业者对创业环境的变化敏感度可能更高。也就是说，当创业环境趋向改善时，女性创业者会表现得更为乐观；而创业环境有所退步时，女性创业者则会表现得更为悲观。

除去不同性别中客观存在的先天性格特质影响，我们认为这种现象还源自不同性别的创业者对创业项目的不同选择。例如，在行业选择上，女性创业者所选择的行业较为集中在商业服务业领域，这个行业对整个外部市场环境的敏感度非常高；而男性创业者创业项目中比例最高的是信息通讯业，其次为电子商务、机器人/可穿戴/智能制造等行业，这些项目以科技创新或商业模式创新类为主,对外部环境变化的反应会有一定的延后性。反映到数据上,就会出现两个群体对创业环境的不同评价水平。

二、年龄差异

2018年深圳湾创业指数的创业者年龄差异数据(图1-4)显示,深圳湾地区96.9%的创业者集中在20～50岁年龄段之间。其中31～40岁年龄段的人最多,占比达到53.8%,其次是21～30岁年龄段的创业者占比31.4%、41～50岁年龄段的创业者占比13.4%。21～40岁的青年人群是目前深圳湾地区创业活动的中坚力量。

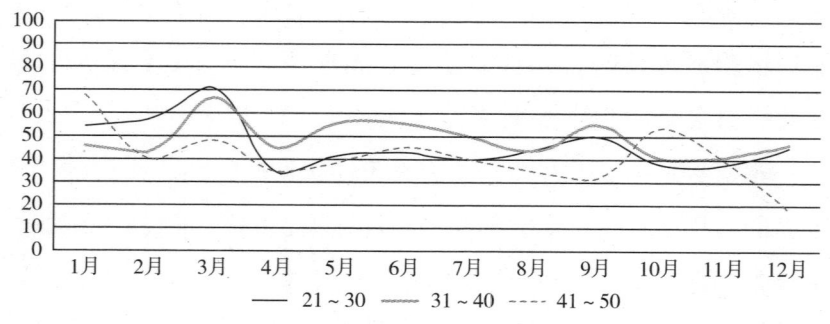

图1-4 深圳湾创业指数的创业者年龄差异

根据以年龄段划分的创业指数变化趋势图可以看到,不同年龄段创业者的创业指数有着相对一致的变化趋势,大体上都经历了"年初波动—年中平稳—年底稍有起伏"的变化过程。但具体到各年龄段，创业指数的表现则呈现出明显的分化趋势。具体来说，31~40岁创业者的年度指数为49.7，为所有年龄段中最高；而21~30岁创业者的年度指数为46.2；41~50岁创业者的年度指数为41.2，评价水平最低。此外，41~50岁年龄段的创业者对创业环境的评价在10~12月期间还出现了较大幅度的下降，从10月份的53.6下降到了12月份的17.6，并且表现出和其他年龄段的创业者的反向变动趋势。

通过调研我们发现，各年龄段的创业者，表现出的创业行为的确存在着一定的差异。比如31~40岁年龄段的创业者，一般都具备一定年限的工作经验，积累了一定的人脉和行业资源。此外，该年龄段的创业者思维和心智也处在较为成熟的状态，对公司发展有合理的预期，在面对外界环境变化时也能够综合考虑各方面的因素，比较客观地看待创业环境的变化，并能很快地调整心理预期，做出相应的决策。所以，此年龄段的创业指数会高于平均水平。

相对而言，处于41~50岁年龄段的创业者，优势是拥有足够的人脉和行业经验，因此对创业环境中相对基础的外部因素要求不高，关注点更聚焦于人才环境、科技环境、市场环境等。同时，相较其他年龄段，处于41~50岁年龄段的创业者学习能力以及接受新事物的反应速度处于相对劣势，创业项目多集中在已具有成熟商业模式的类型中。因此，这个年龄段的创业者对创业环境的评价比较容易受到宏观经济变化的影响，表现在指数上就显示出在年初大幅向下调整后一直处于低位水平。

对于21~30岁的创业者来说，虽然具有敢想敢拼的勇气，但是一方面，由于大多数为初次创业者，缺乏工作经验，对行业认识不足，可能存在盲目乐观的情形；另一方面，由于所选择的创业项目以商业模式创新为主，且项目启动资金一般以自筹为主，对影响创业环境的各个因素敏感度较高，因此，这个年龄段的创业者对创业环境的评价要低于31~40岁的创业者，但要高于年龄较大的创业者。

三、身份差异

2018深圳湾创业指数的创业者身份差异数据（图1-5）显示，核心创始人和合伙人两个群体间也存在着较大差异。数据显示，合伙人的年度创业指数为50.7，高于核心创始人的44.4。

在变化趋势上，核心创始人和合伙人的指数变化也不完全同步，甚至在2~3月、5~8月、10~12月这三个时间段内出现了反向变动的情况，核心创始人群体对创业环境评价向好时，合伙人群体中却更多地认为创业环境正在退步。另外，核心创始人全年的指数表现相对较为平稳，而合伙人群体的指数表现

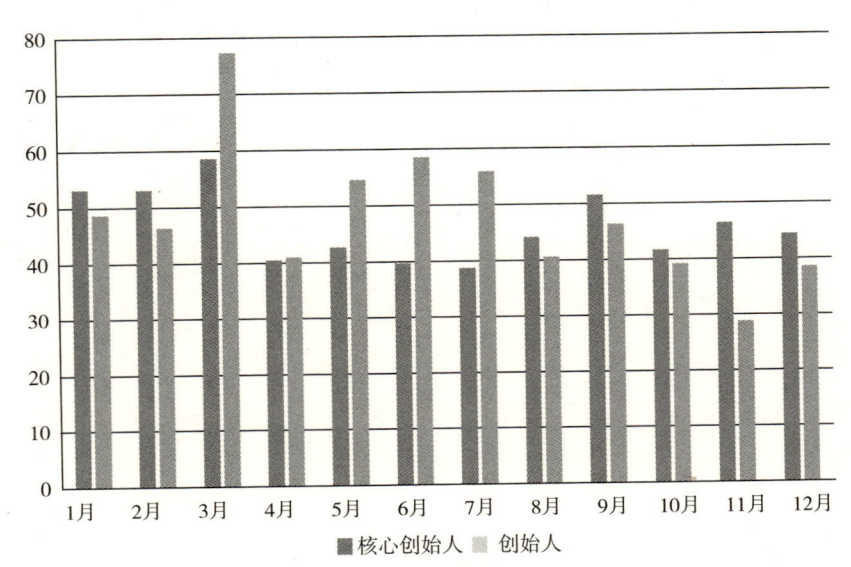

图1-5 深圳湾创业指数的创业者身份差异

则更为波动。如在4月份，合伙人指数出现了36.4的大幅下降，而同时期的核心创始人月度指数却仅仅下降了10个点左右。我们认为，上述现象的原因，可能来自于两个方面。

一是核心创始人和合伙人在企业中的自我定位不同。核心创始人作为公司项目的发起人和团队的组织者，对公司的运营和发展有更清晰的认识和合理的预期，当外界创业环境发生变动时，在心理上能够正视和接受创业过程中发生的或好或坏的变化，因而对创业环境的评估能够始终维持在一个相对稳定的状态。而合伙人作为公司的合作伙伴，在创始团队中一般只负责一个或几个较为擅长的领域，可能会受到自身工作职能的影响，对公司发展全局缺少足够的认识，对创业环境的变化感受自然也会和核心创始人有所不同。

二是核心创始人和合伙人两个群体对环境的关注点也存在差异。核心创始人作为公司的领头人，通常需要从公司战略高度审视公司发展现状，其关注点聚焦于创业环境中相对宏观的因素，例如科技环境、人才环境、政策环境等。因此，核心创始人的创业指数更容易受宏观政策环境的影响。而合伙人群体，通常偏向于战术层面的思考，较为关注创业环境中相对微观的、短期的影响因素，如融资环境、市场环境等。当公司发展顺利时（如获得融资或者公司阶段性营收增高等），合伙人对创业环境会表现得更乐观，而当出现办公成本提高、人员流动增大等实际情况发生时，合伙人则会表现得更为焦虑。

四、学历差异

2018深圳湾创业指数的创业者学历分布数据（图1-6）显示，大专生、大学生和研究生是深圳湾创业者的主力军。创业者中本科生学历占到了一半以上，约64%左右；其次是研究生和大专生，各占15%，三者合计占创业者的94%以上；高中及以下学历者以及博士生占比则相对较少。

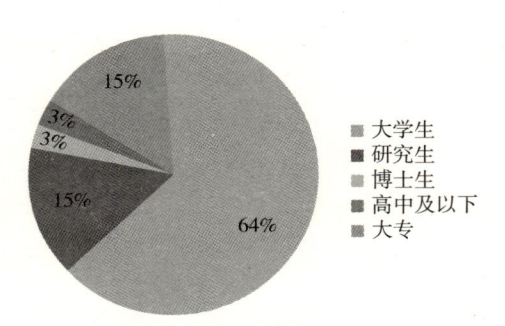

图1-6 环深圳湾地区创业者的学历分布

学历指数方面,在2018年上半年,大专生和研究生的指数波动更为接近;而在下半年,大专生则和本科生最为接近。大专生对创业指数的评价在4月份有一次较大的下降后,一直在50上下波动;而大学生对创业环境的评价则一直相对比较平稳;研究生的指数经常与整体指数表现出不一样的逆向变化。

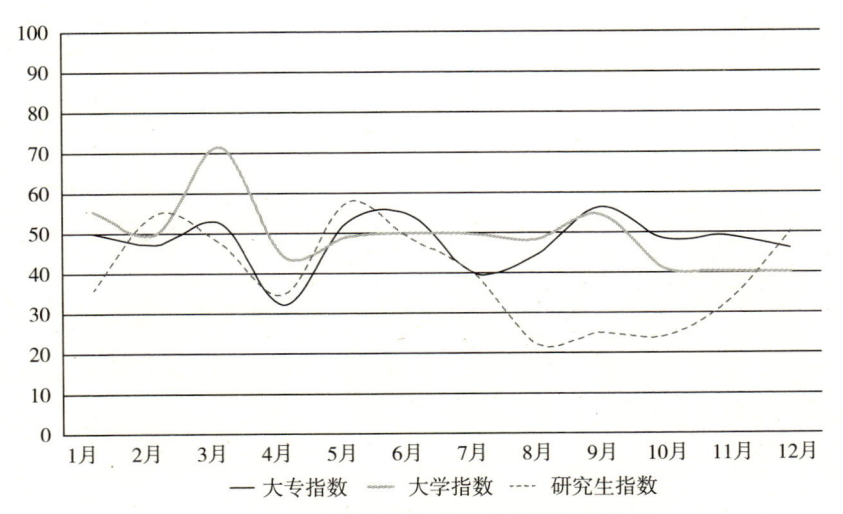

图1-7 深圳湾创业指数的创业者学历差异

根据调研，上述变化的原因，除受中美贸易战对整个产业链的影响外，还与不同学历的创业者对行业的选择以及预期有关。举例来说，研究生的创业项目中，科技类项目比例最多，大多是深圳市政府重点支持的战略新兴产业、未来产业等相关领域。其中，信息通讯业占比最多，达33.6%，其次分别为电子商务业、金融业、机器人/可穿戴/智能制造业；大学生创业企业中，信息通讯业占比26.3%，电子商务业占比16.7%，文化创意占比8.2%，机器人/可穿戴/智能制造业占比7.4%，商业服务业（法律、会计、咨询等）占比6.9%，教育培训业占比6.0%，金融投资业占比4.3%；大专生创业企业中，电子商务业占比18.5%，信息通讯业占比16.3%，教育培训业占比9.8%，文化创意业占比6.2%，金融投资业占比5.9%，机器人/可穿戴/智能制造业占比4.6%，商业服务业（法律、会计、咨询等）占比5.5%。

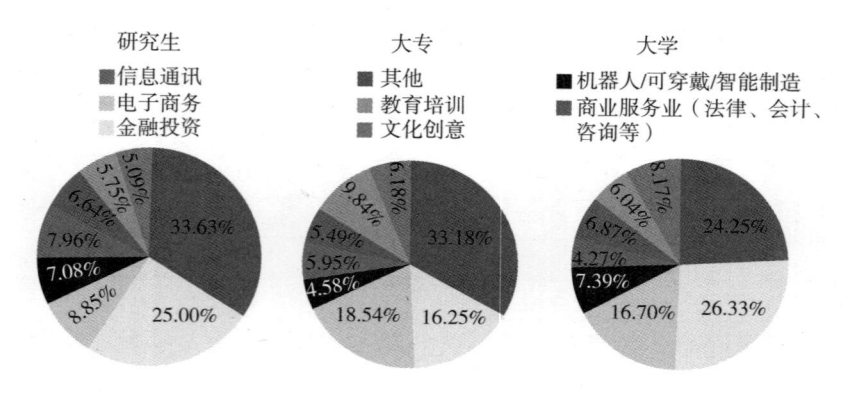

图1-8　环深圳湾地区各类学历创业者的行业选择

第三节 行业差异对创业指数的影响分析

一、信息通讯行业

根据2018年全年数据分析，深圳湾地区信息通讯行业的创业指数为47.8，略高于整体指数水平。其中，创业者对6月份的创业环境的评价较高，对3月份和8月份的评价则相对较低。创业环境出现大幅波动的主要原因是春节和贸易战对行业产生的影响。

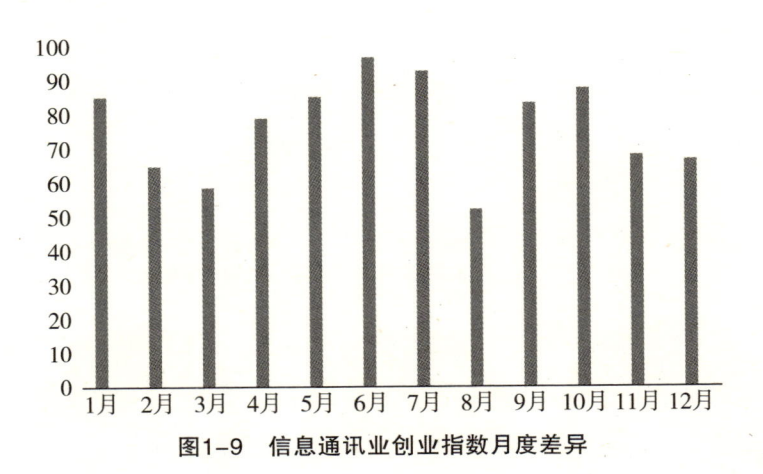

图1-9 信息通讯业创业指数月度差异

信息通讯行业创业指数从创业者性别、身份、年龄、学历等角度来看，体现出以下特征。

1. 男性创业者数量居多，女性创业者对创业环境的评价更高

2018年度信息通讯业创业指数中创业者性别差异数据对比图（图1-10）显示，信息通讯行业的女性创业者年度指数为49.4，比男性创业者年度指数高2.5。这是由于男性与女性工作属性差异、性格差异、关注点不同，影响了男性与女性对创业环境的敏感度，进而给出了不同的评价。同时，女性在工作、创业之外，还要平衡家庭的各种身份，关注于创业环境的精力没有男性多，对创业风险的敏感度也会稍低于男性，因而对创业环境是否改善比男性稍微乐观些。

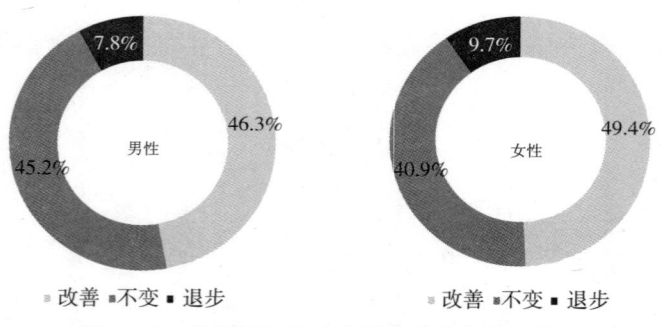

男性：改善 46.3%，不变 45.2%，退步 7.8%
女性：改善 49.4%，不变 40.9%，退步 9.7%

图1-10 信息通讯业创业指数创业者性别差异

深圳湾信息通讯行业的男性创业者数量要远高于女性，约为女性的3倍左右。差异的原因首先来自于男性和女性的不同专业选择。一般而言，在高等教育中，男性选择理工科类专业的比例会高于女性，而信息通讯行业的创业者大多需要有理工科背景作支撑。其次，男性与女性在对行业的选择上也有所不

同，男性创业者一般会倾向于创新技术与产品研发类的创业项目，而女性创业者则可能会更青睐于商贸服务类、教育类、文化创意类项目。最后，男性与女性在信息通讯行业所从事的工作岗位也略有差异，信息通讯行业中，满足软硬件开发岗位需求的男性数量比女性更多，行业内的女性主要从事软硬件的测试及技术支持类相关工作。

2. 创业者主要在31~40岁年龄段，且对创业环境评价水平更高

2018年度信息通讯业创业指数中创业者年龄差异对比图（图1-11）显示，不同年龄阶段的创业者对创业环境的评价不同，21~30岁年龄阶段的创业者指数为46.2；31~40岁年龄阶段的创业者指数最高为49.7；41~50岁年龄阶段的创业者指数最低为41.2。

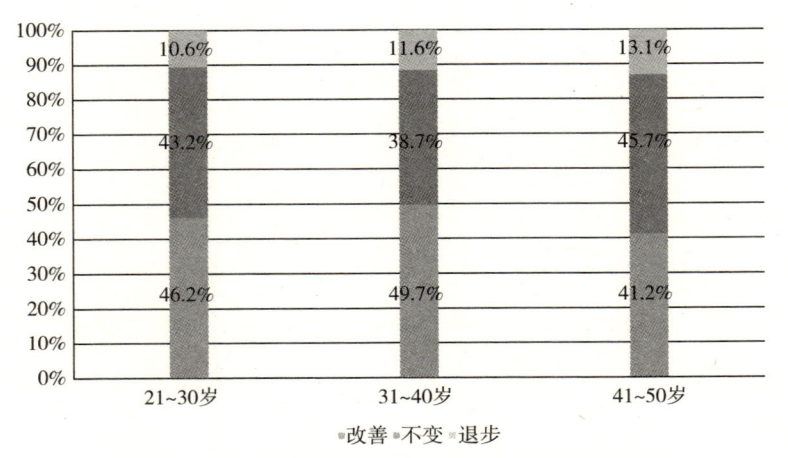

图1-11 信息通讯业创业指数创业者年龄差异

信息通讯业技术门槛较高，对于技术、资金、资源等方面存在着一定的进入壁垒。31～40岁年龄阶段的创业者大多有一定的技术、经验、知识、人脉资源的储备，是信息通讯行业创业的主力；21～30岁年龄阶段的创业者由于刚刚步入社会或者参加工作不久，有创业的激情，但是资金和资源都略有不足；50岁以上年龄阶段的创业者条件相对成熟，实践经验、技术、知识、人脉资源的储备也更丰富，但对待创业项目较为谨慎，若没有一定的成功把握或优质项目的吸引，不会轻易选择创业。

3. 合伙人对创业环境的评价略高于核心创始人

2018年度信息通讯业创业指数中创业者身份差异对比图（图1-12）显示，深圳湾地区信息通讯行业的核心创始人指数为44.4；深圳湾地区信息通讯行业的合伙人创业指数为50.7，比核心创始人指数高出6%左右。

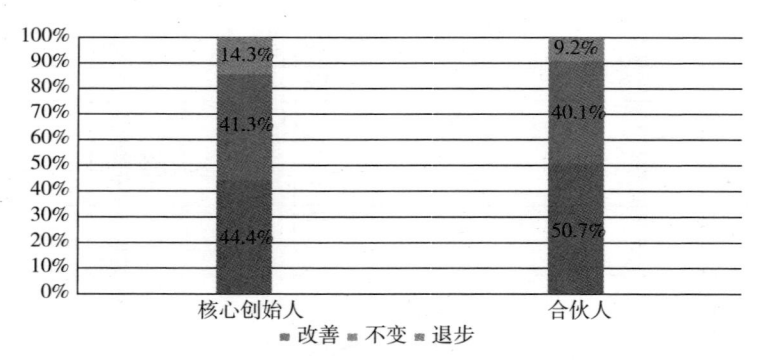

图1-12 信息通讯业创业指数创业者身份差异

由于核心创始人和合伙人对企业的思考存在差异，核心创始人更关注公司的战略规划，而合伙人更关注如何把项目实施落地。因此，在对创业环境指数的评价上，核心创始人更多关注于外部指标的变化，对创业环境的评价水平没有合伙人基于内部环境的评价高。

4. 大学生与研究生是创业主力军，且对创业环境的评价更为乐观

2018年度信息通讯业创业指数中创业者学历差异对比图（图1-13）显示，大学生学历创业者群体对信息通讯业创业指数最高，为49.9；高中及以下学历创业者群体对信息通讯业创业指数最低，为36.4。

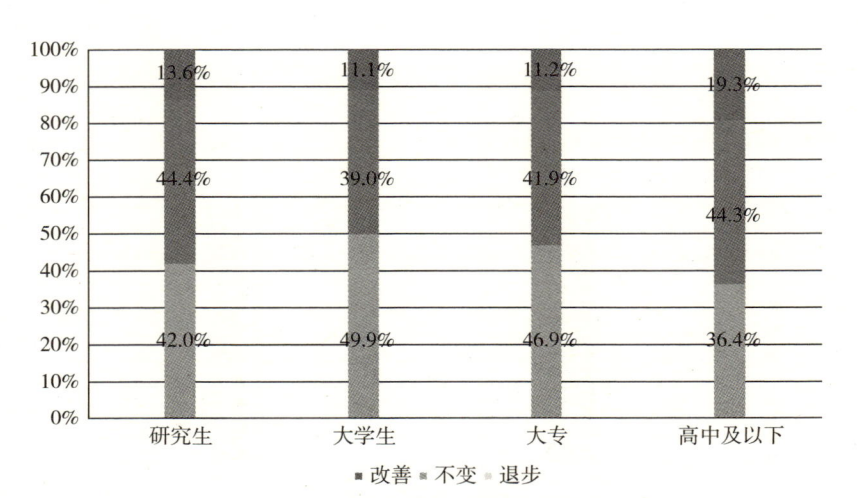

学历	改善	不变	退步
研究生	42.0%	44.4%	13.6%
大学生	49.9%	39.0%	11.1%
大专	46.9%	41.9%	11.2%
高中及以下	36.4%	44.3%	19.3%

图1-13 信息通讯业创业指数创业者学历差异

从行业本身的属性来看，信息通讯行业属于科技领域，具有一定的技术壁垒，多半需要具有高学历、理工科背景的科技人才，这样才能合理地为公司制定战略和规划布局。相对于大专及高中以下学历的创业者，大学生与研究生接受更高层次的专业教育，掌握的先进技术与科技类信息更多，获取资源的渠道更广，所以该行业的创业群体以高学历者为主力。大专及高中以下学历的创业者对行业大环境、科技、政策、人才环境的了解相对较少，对创业环境的评价也相对较低。

二、商业服务业

根据2018年全年数据分析，深圳湾地区商业服务业领域创业者对5月份的创业环境评价最高，对4月份和11月份的评价则相对较低。评价水平和企业注册数量显示出较为明显的相关性：当区域内新增企业的注册数量上升后，次月的商业服务业创业指数也会随之上升。

除此之外，商业服务业创业指数在性别、身份、年龄、学历等方面还体现出以下特征。

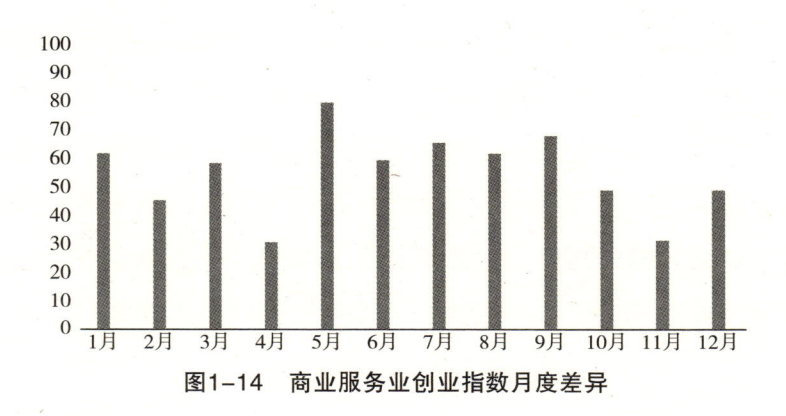

图1-14 商业服务业创业指数月度差异

1. 性别差异

2018年度商业服务业创业指数中创业者性别差异数据对比图（图1-15）显示，女性创业者对创业环境评价整体略高于男性，创业指数分别为55.7和54.7。

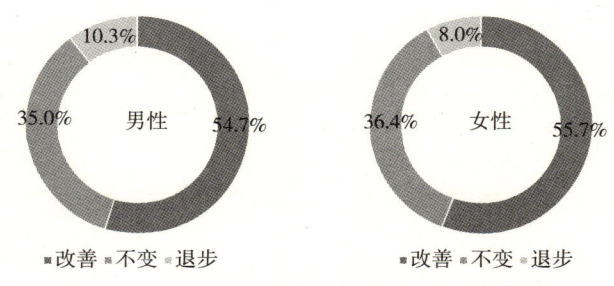

图1-15 商业服务业创业指数创业者性别差异

究其原因，高附加值的服务行业，比较受女性欢迎；女性创业者对创业环境变化较为乐观，商业服务业的女性创业者在项目运营期间较为关注市场变化、人才环境、政策环境、项目的成熟度等，加之女性相对比较情绪化，对商业服务业有较高的创业热情，因而对创业环境的变化评价较高。

男性创业者在本行业拓展业务上可能更具有优势，但较为关注行业变化及发展趋势，因此更易受到营商大环境变化的影响，对外界创业环境的变化判断较为理性。总体而言，男性创业指数略低于女性创业指数。

2. 年龄差异

2018年度商业服务业创业指数中创业者年龄差异数据对比图（图1-16）显示，创业者对创业环境的评价差异性较大，其中31~40岁评价最高，21~30岁创业者对创业环境评价较为乐观，41~50岁评价较低，指数分别为52.6、58.8和39.3，其中最高与最低相差约19.5左右。

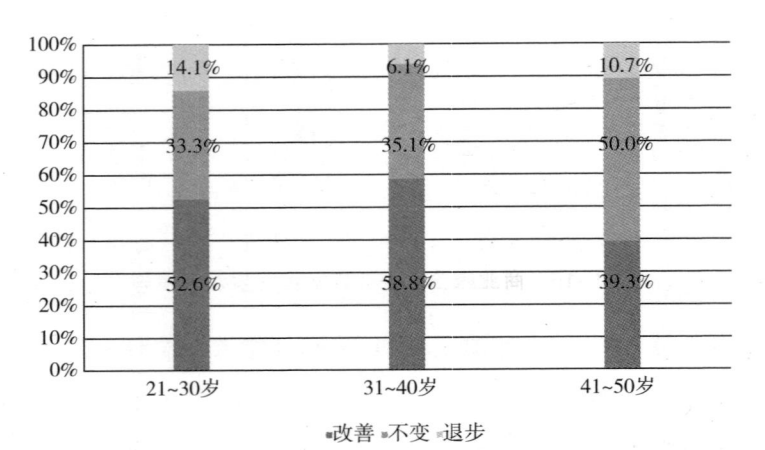

图1-16　商业服务业创业指数创业者年龄差异

不同年龄段的创业者对商业服务业创业环境评价不同，这与创业者对创业环境不同的关注点有关。31~40岁的创业群体，有较好的人脉资源和丰富的工作经验，对于业务的拓展具有较大的优势，较为了解政策大环境和人才环境，对市场把握相对准确，能够较为精准地应对创业大环境变化的局面，可以整合有限的资源，使得利益最大化。同时，较为关注同行业发展，对创业环境变化关注较多；而21~30岁的创业群体，由于社会经验不足，初期融资较难，业务开展有一定的难度。同时，对创业项目的认识往往会有一些片面的判断，对整个市场把握力度不足，较为关注项目的运营情况、项目周期、行业竞争强度及盈利情况等，因此对商业服务业创业环境的创业指数相比31~40岁的创业群体略低；41~50岁的创业群体，本身具有把握市场的发展趋势的能力，平时较为关注人才环境、政策指引、市场大环境、融资环境等，对项目有明确的盈利预期，对创业环境变化较敏感，对宏观经济环境变化较为担忧。因此，对创业环境的评价不如其他年龄段乐观。

3. 身份差异

2018年度商业服务业创业指数中创业者身份差异数据对比图（图1~17）显示，商业服务业核心创始人和合伙人对创业环境的看法也有着明显差异。商业服务业核心创始人和合伙人创业指数分别为49.3、56.9，合伙人创业群体对于商业服务业的创业环境相对更加乐观。

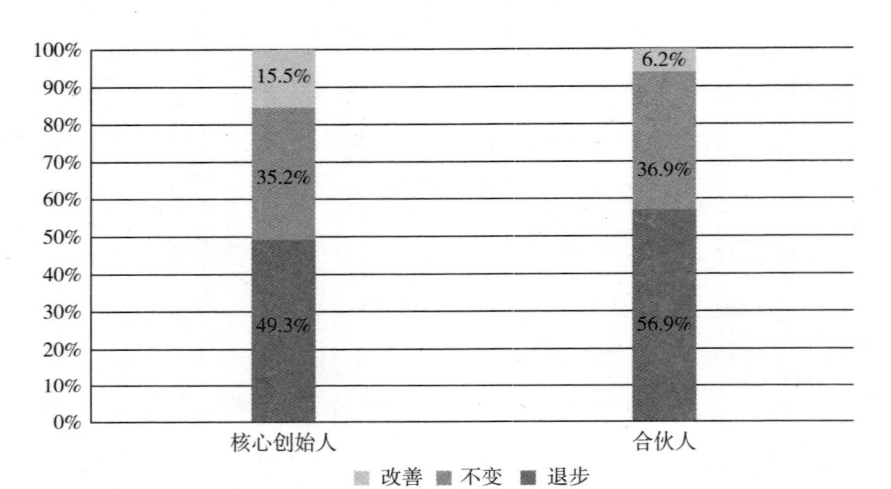

```
                                          6.2%
          15.5%
                                         36.9%
          35.2%

          49.3%                           56.9%


          核心创始人                       合伙人
              ■ 改善  ■ 不变  ■ 退步
```

图1-17　商业服务业创业指数创业者身份差异

在创业期间，虽然核心创始人和合伙人都比较关注创业环境和市场的变化，但核心创始人更为关注整体市场大氛围的变动和整个商业服务业行业形势的变化，着重于整个项目的战略决策，较为关注创业环境相对宏观的因素。而合伙人则着重于项目的短期的经济利益和商业服务业项目的具体运营，关注同行业的发展、市场需求、项目费用规划等，对创业环境因素的变化关注较少，大部分合伙人对创业环境变化保持较为乐观的态度。因此，相对于核心创始人，合伙人对创业环境的评价较高。

4. 学历差异

2018年度商业服务业创业指数中创业者学历差异指数数据

对比图（图1-18）显示，大学和大专学历的创业指数相近，分别是59.4、52.4；研究生学历的创业指数相对较低仅有36.4。不同的学历对创业环境的评价也会有一定的差异。

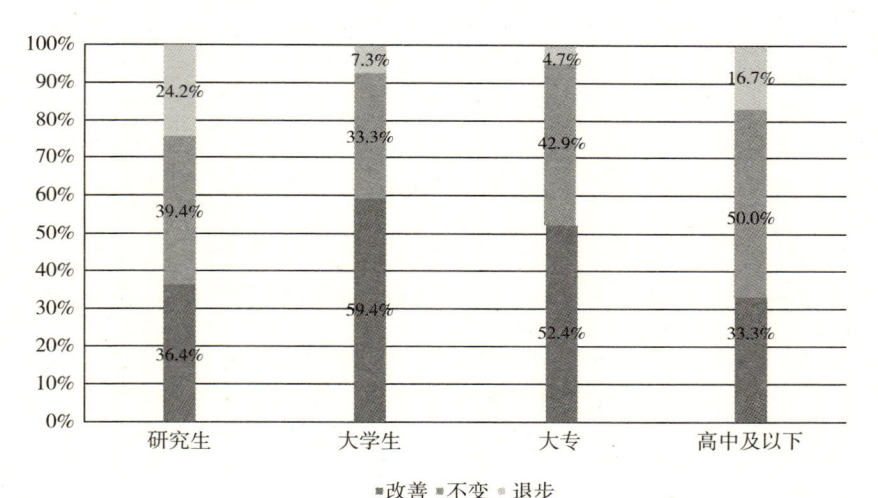

图1-18 商业服务业创业指数创业者学历差异

硕士学历的商业服务业创业群体有较为丰富的知识阅历，理论专业相对扎实，逻辑思维相对较强，考虑相对充分，能够把握微观的市场环境变化，着重关注项目操作运营、同行业企业发展、科技环境、人才环境、政策环境等变化，较关注创业环境变化的因素，有一定的盈利预期；而大学和大专学历的创业群体则集中关注创业初期融资成本、项目的市场需求、创业交流活动、项目盈利情况等，创业激情更高，更多精力投入于项目本身，对创业环境变化的关注因素较少。因此，大学和大专学历的创业者表现相对乐观。

三、电子商务行业

根据2018年全年数据分析，环深圳湾地区电子商务业的年度创业指数为48.4，略高于总体指数。月度差异中，上半年指数普遍高于下半年，其中，3月份对创业环境的评价水平最高，显示出电子商务业的创业者较少受到春节假期的负面影响。

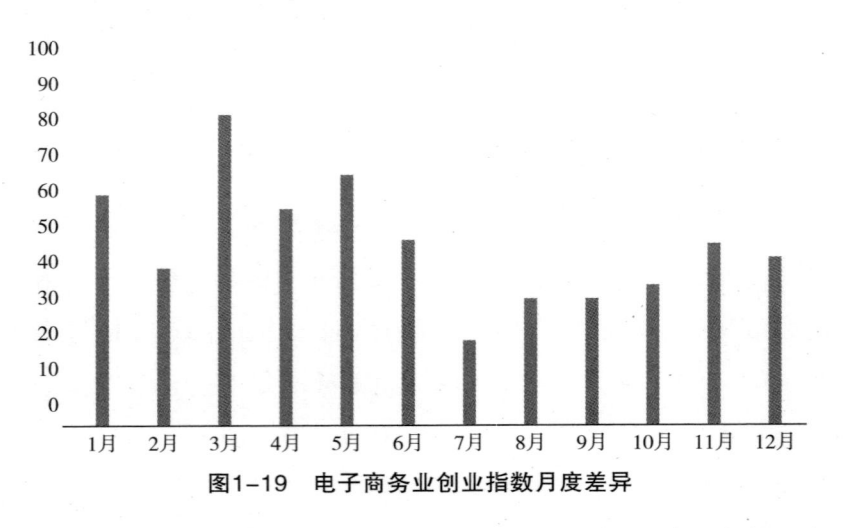

图1-19　电子商务业创业指数月度差异

除此之外，电子商务业创业指数在创业者性别、身份、年龄、学历等方面还体现出以下差异性特征。

1. 性别差异

2018年度电子商务业创业指数中创业者性别差异数据对比图（图1-20）显示，电子商务行业的男性创业者2018年度创业指数为50.0，而电子商务行业的女性创业者2018年度创业指数为30.4。女性创业者对电子商务业创业环境的评价明显高于男性。

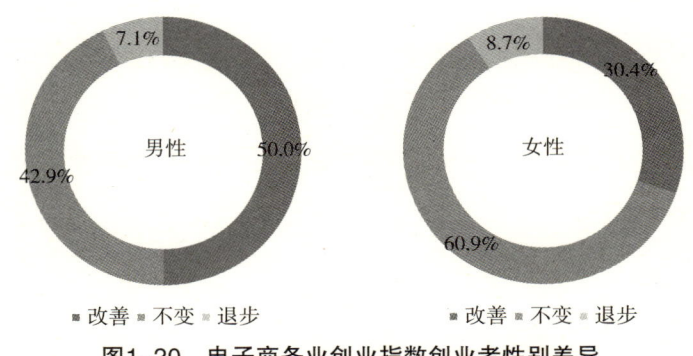

男性：改善 50.0%，不变 42.9%，退步 7.1%

女性：改善 30.4%，不变 60.9%，退步 8.7%

■改善 ■不变 ■退步　　　　■改善 ■不变 ■退步

图1-20　电子商务业创业指数创业者性别差异

一般来说，女性对影响创业环境变化的因素关注度较低，对电子商务行业的发展趋势、市场的成熟度、大氛围下市场变化敏感度不高，更多是从女性角度出发，用感性思维来感知创业环境的变化，多着重于电子商务行业的短期利益和市场需求。

相较之下，电子商务行业的男性创业者相对于比较喜欢创新类技术，更多是理性思维，偏重电子商务行业的技术需求、市场的发展趋势、政策扶持力度、行业远期规划。这些因素容易受到国际大环境变化的影响。因此,男性对创业大环境变化更为敏感,对创业环境的变化评价普遍低于女性,而更趋近于总体指数的变化。

2. 年龄差异

2018年度电子商务业创业指数中创业者年龄差异数据对比图(图1-21)显示,电子商务行业不同年龄阶段的创业者对创业指数的评价略有不同。其中,21~30岁年龄阶段的创业者与31~40岁年龄阶段的创业者认为创业环境改善所占比例持平为48.4,41~50岁年龄阶段的创业者则为39.7,相对较低。

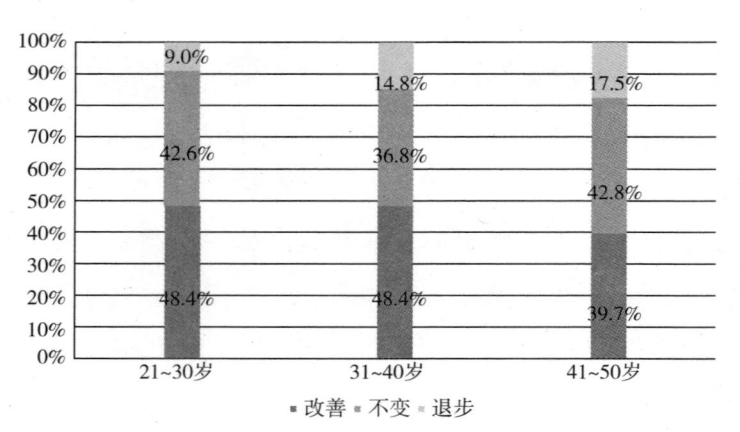

图1-21 电子商务业创业指数中创业者年龄差异

一般来说,由于随着年龄的增长,创业者所掌握的资源和人脉更为丰富。同时,良好的大局观使他们对市场环境、宏观政策等外部因素的判断更客观。但是,由于商业模式相对固化，风险偏好厌恶，越年长的创业者对创业环境的看法越趋近保守。

年轻创业者群体，尤其是刚毕业的大学生创业者，对新鲜事物接受程度较高，对电子商务创业模式相比年长的创业者群体更加熟悉，而且由于电子商务业门槛较低，年轻的创业者对创业更有激情，因此对于电子商务行业创业环境更加乐观。

3. 身份差异

2018年度电子商务业创业指数中创业者身份差异据对比图（图1-22）显示，电子商务行业不同身份的创业者对创业指数的评价略有不同。其中，核心创始人身份的创业者认为创业环境改善所占比例为48.3，合伙人身份的创业者认为创业环境改善所占比例为49.3，略高于前者，但相差不大。

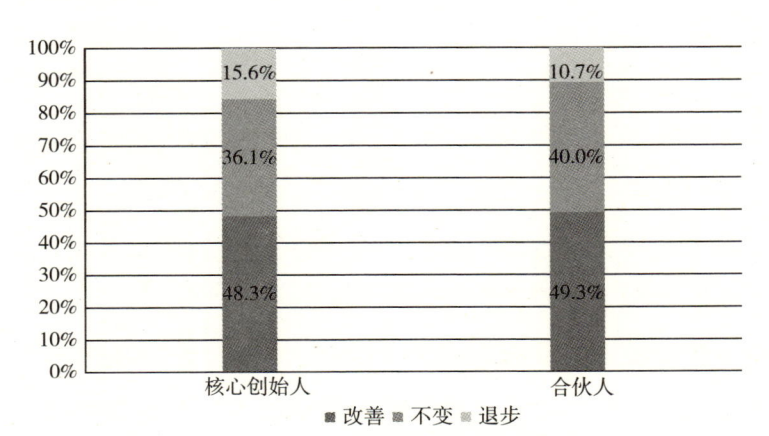

图1-22 电子商务业创业指数中创业者身份差异

电子商务行业已成为我国主要经济形式之一，其有着低成本、高效率的优势，随着互联网经济的发展与进步，国家对于其监管也越发完善。一般来说，不同身份的创业者所关注的核心问题有所不同：核心创始人更多关注公司的中长期发展战略，对于市场的风险判断更加保守，而合伙人在公司中较多关注于当前的盈利，更偏向于收益较高的选择，对于风险的判断较激进。同时，核心创始人对于大环境的变化所带来的周期性影响更加敏感，然而合伙人往往只是在一方面技术上专长，对于公司全局的考虑不如核心创始人全面，因此对于外部环境的变化所带来影响的判断具有一定的滞后性。

4. 学历差异

2018年度电子商务业创业指数中创业者学历差异数据对比图（图1-23）显示，大专学历的创业者对创业环境的评价最高，创业指数为57.3，研究生学历创业者的创业指数最低为39，大学生和高中及以下学历创业者的创业指数居中，分别为49.5和39.3。

目前我国具备良好的第三方电商平台和软件服务大环境，电子商务业创业对学历的要求并不高，使不同学历创业者的电子商务行业创业指数差异化较为明显，呈现出两头低中间高的特点。其中，大学和大专学历较为相近，他们是电子商务业创业的主力大军，与高中及以下学历者相比，他们有较良好的专业知识储备，与高学历创业者相比，机会成本较低，对创业环境的评价普遍较乐观。

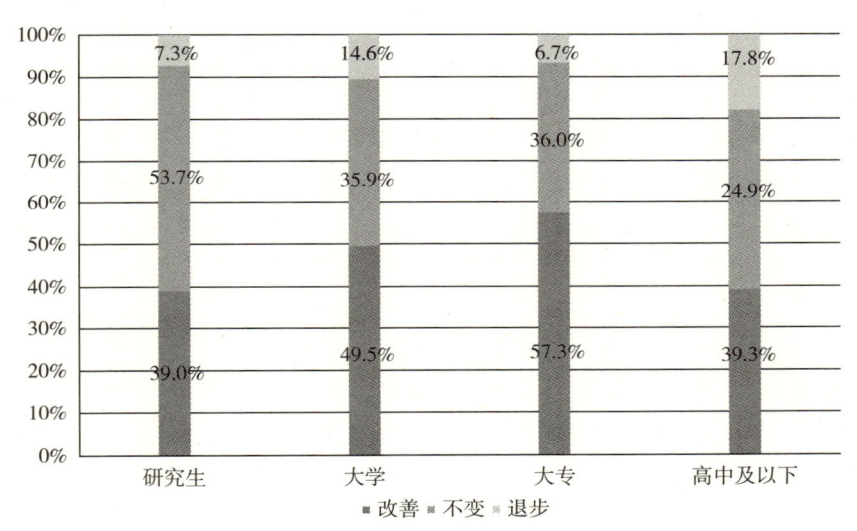

图1-23 电子商务业创业指数创业者学历差异

四、机器人/可穿戴/智能制造行业

根据2018年全年数据分析，深圳湾地区机器人/可穿戴/智能制造行业的创业指数为44.3，低于总体创业指数平均水平。其中10月份机器人/可穿戴/智能制造业创业指数最高；4月份与11月份相对较低。

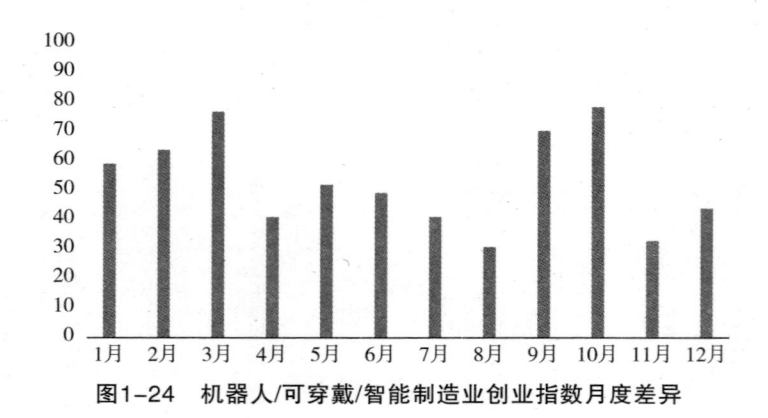

图1-24　机器人/可穿戴/智能制造业创业指数月度差异

此外，环深圳湾地区机器人/可穿戴/智能制造行业创业指数在创业者性别、身份、年龄、学历等方面还体现出以下差异性特征。

1. 性别差异

2018年度机器人/可穿戴/智能制造业创业指数中创业者性别差异数据对比图（图1-25）显示，环深圳湾地区机器人/可穿戴/智能制造行业的创业者以男性群体为主，占该行业创业者总人数的85%。其男性创业者对创业环境的评价要比女性创业者的评价乐观，其创业指数44.8，高于女性创业指数的40.5。

基于以上数据可知，机器人/可穿戴/智能制造产业属于技术密集型产业，该产业发展的核心在于有相关高技术人才不断突破关键核心技术，存在较高的技术壁垒，对该行业创业者综合要求较高，一般以技术创业为主。

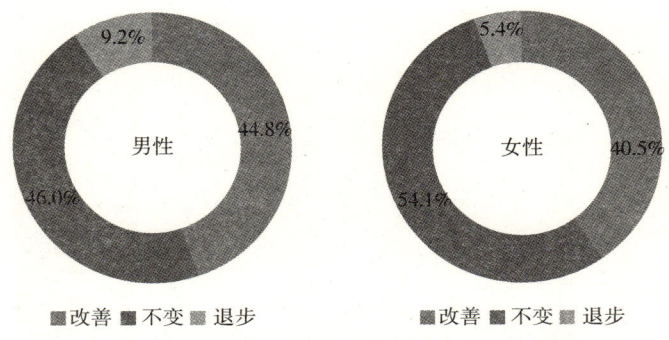

男性: 9.2% / 44.8% / 46.0%
女性: 5.4% / 40.5% / 54.1%

■改善 ■不变 ■退步　　　　■改善 ■不变 ■退步

图1-25　机器人/可穿戴/智能制造业创业指数创业者性别差异

在社会传统观念的影响下，当前选择理工科专业的男性要远远多于女性，且毕业后从事技术研发类型工作的男性更多，最终导致在技术创业领域，男性的数量要普遍高于女性创业者，这在深圳湾机器人/可穿戴/智能制造行业得到了很好的验证。

2. 年龄差异

2018年度机器人/可穿戴/智能制造业创业指数中创业者年龄差异数据对比图（图1-26）显示，该行业的创业主力年龄段主要集中在31~40岁，这个年龄阶段的创业者比其他年龄阶段更倾向于认为创业环境正在改善。

机器人、可穿戴设备及智能制造行业的发展不仅需要高技术人才，还需要有竞争力的技术积累以及大量的资金投入，为企业可持续发展提供保障。31~40岁年龄阶段的创业者，有一定的经验积累、资金储备与核心技术做支撑，能更合理有效地整合利用内外部资源开拓市场，更精准地解读影响行业内外部环境的变化因素，更好更快速地适应创业环境的变化，因而给出的创业评价较高。

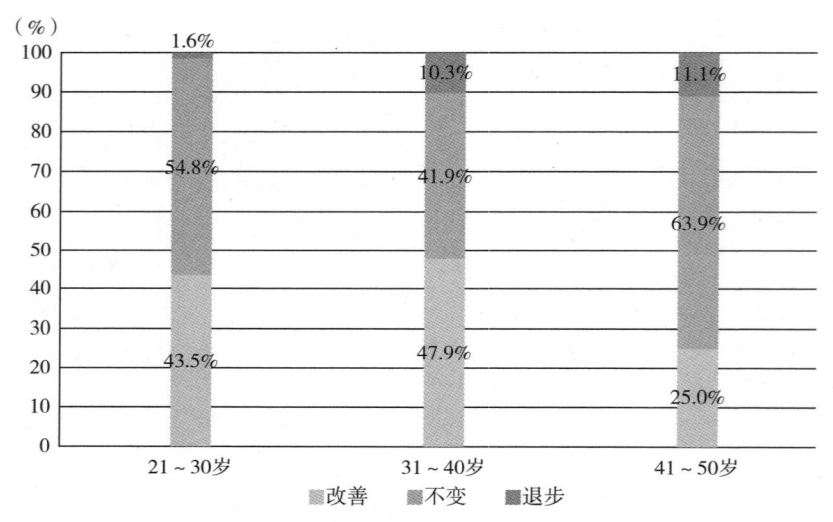

图1-26　机器人/可穿戴/智能制造业创业指数创业者年龄差异

21～30岁这个年龄阶段的创业者刚走出校园，缺乏社会经验、工作经验、人脉资源与资金积累，专业、理论知识还未能得到较大程度的实践，对行业大环境的了解还不够深入，因此创业环境的评价没有31～40岁创业群体高。

41～50岁的创业群体中有63.9%的人认为创业环境没有发生明显变化，原因可能在于41～50岁的创业群体经历的行业环境变化相对较多，对创业各方面的准备也更加充分，因而对创业环境变化的感知没有其他年龄阶段那么强。

3. 身份差异

2018年度机器人/可穿戴/智能制造业创业指数中创业者身份差异数据对比图（图1-27）显示，环深圳湾地区机器人/可穿戴/智能制造行业的合伙人对创业环境的评价指数45.4，稍高于核心创始人的42.2。

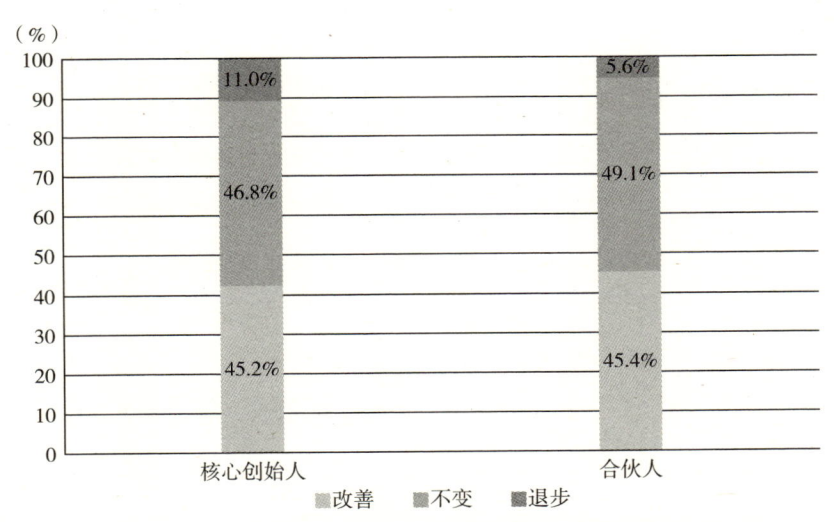

图1-27 机器人/可穿戴/智能制造业创业指数创业者身份差异

从公司战略层面上来说，核心创始人作为公司的核心关键人物，需要具备高瞻远瞩的战略思维以及统筹全局的能力，而合伙人作为创业公司的重要支撑，可能只需要具备某一方面的专长就能合伙创业。

从行业的内外部环境来看，机器人/可穿戴/智能制造行业是国家战略新兴产业，合伙人的工作更倾向于具体方案的实施与项目的落地，承受的创业内部环境压力较大，而核心创始人可能需要不断地进行战略规划布局并做出相应的决策，不仅直面行业内外部创业环境带来的风险，还需承受创业环境内外部变化造成的压力。

4. 学历差异

2018年度机器人/可穿戴/智能制造业创业指数中创业者学历差异对比图（图1-28）显示，大学本科学历从事该行业的人多于研究生与大专学历。同时，学历越高的创业群体对创业环境的评价越低。可以看到，研究生、大学本科和大专的创业指数分别为30.3、45.2和52.4，大专学历的创业指数最高。

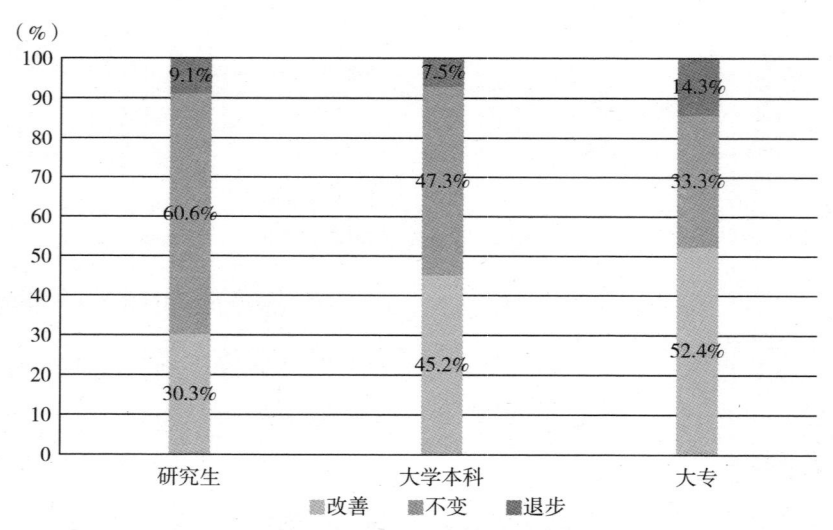

图1-28 机器人/可穿戴/智能制造业创业指数创业者学历差异

机器人/可穿戴/智能制造业中，本科生及以上学历的创业者多选择研发类型的创业项目，项目难度相对较大，对于资金、技术的要求较高；而大专及以下学历的创业者则多选择生产、销售类的创业项目，项目相对较为简单，技术要求以及所需承担的风险都相对较低，因此大专学历的创业者群体对创业环境更为乐观。

第二章
粤港澳大湾区各城市创业政策分析

第一节　2018年各城市创业扶持政策概览

一、创业扶持政策背景

创业是创业者对自己拥有的资源或通过努力对能够拥有的资源进行优化整合，从而创造出更大经济或社会价值的过程。创业活动能够激发市场活力，有助于提高就业率，促进国民经济发展。创业商事主体是创业活动的实施者，创业活动的增多能增加社会各类商事主体的数量，扩大经济活动的范围和规模，创造就业岗位。创业政策是政府通过设计和实施相关政策主动干预创业活动从而促进城市创业发展的主要工具之一。创业政策的实施旨在营造良好的创业环境，减轻创业活动发展阻力，挖掘外部资源，提供优质的成长机会，进而促进城市的发展。

当前，全球化竞争日益激烈，对世界各国产生了深远的影响。各国、各地区如何能够在竞争中立于不败之地，成为政府面临的重要任务。我国经济经历了从高速向中高速发展的转变，面临着产业转型升级的迫切需求。2014年，李克强总理提出了"大众创业、万众创新"的概念，并将其称为中国经济的"新引擎"。2015年6月16日，国务院印发《关于大力推进大众创业万众创新若干政策措施的意见》（国发〔2015〕32号）。这是推动大众创业、万众创新的系统性、普惠性政策文件，涵盖创业面临的政策、资金、产业、环境等9大领域、30个方面，明确了96条政策措施，把推进"大众创业、万众创新"定位为"发展的动力之源，也是富民之道、公平之计、强国之策"。可见鼓励创业活动已经成为我国宏观经济政策重要组成部分，是稳定经济增长、调整经济结构、缓解就业压力的重要举措。

在国家大力倡导"大众创业、万众创新"的背景下，各级政府部门纷纷出台相应的创业扶持政策，鼓励创业带动就业、创新促进发展，在全社会掀起了创新创业的风潮。广东省发布了《广东省人民政府关于大力推进大众创业万众创新的实施意见》（粤府〔2016〕20号），辖区各地市政府也相继出台相关政策、发布重要文件，进一步优化创业创新环境，全面推进"大众创业、万众创新"，增强城市创新创业驱动发展新优势。

二、粤港澳大湾区城市2018年经济统计数据

粤港澳大湾区城市群是我国开放程度最高、经济活力最强的区域之一。改革开放以来，粤港澳城市合作不断深化，粤港澳大湾区经济实力、区域竞争力显著增强，GDP增长率逐年提升，如表2-1所示（数据来源于各市人社局/统计局；下同），特别是东莞、珠海、江门三市发展势头强劲，名义增长率分别为9.5%、8.0%、7.8%，均超过国内平均水平。

表2-1　粤港澳大湾区各城市2018年经济增长情况

城市	GDP（亿元人民币）	名义增长率（%）	人口数量（万）	面积（平方公里）	人均GDP（万元人民币）
香港	28390亿港元	3.0	745.1	1107	38.1万港元
广州	22859	6.2	1449.8	7434	15.5
深圳	24222	7.6	1252.8	1997	19.0
佛山	9936	5.7	765.7	3798	12.8
东莞	8279	9.5	834.3	2460	9.9
惠州	4103	6.0	477.7	11347	8.5
澳门	4403亿澳门元	4.7	66.75	33	66.6万澳门元
中山	3633	5.9	326	1784	11.1
珠海	2915	8.0	176.6	1736	15.9
江门	2900	7.8	456.2	9507	6.3
肇庆	2202	6.6	411.5	14891	5.3

1. 各城市商事登记数据情况

粤港澳大湾区在推动创新创业方面取得了较好的成绩，

大湾区内各城市商事主体总量稳步提升，其中江门、广州、佛山等部分城市增长迅速，江门市商事主体总量增长率高达50.99%。

表2-2　粤港澳大湾区各城市商事主体数据（2018年同比增长率）

城市	商事主体总量（企业及个体户）（万）	增长率（%）	企业数（万）	增长率（%）	新增商事主体数量（万）	增长率（%）	新增企业数量（万）	增长率（%）	备注（时间）
香港	/	/	140.09	1.2	/	/	15.17	-5.3	12.31
澳门	/	/	6.62	8.4	/	/	0.60	14.99	12.31
广州	205.68	17.46	104.88	28.51	41.11	25.47	27.97	35.26	12.31
深圳	311.91	1.90	197.47	11.57	48.46	-12.3	29.10	-19.8	12.25
珠海	31.44	15.85	15.00	24.84	3.28	31.58	1.82	42.14	6.30
佛山	72.03	16.55	/	/	15.72	30.9	/	/	12.21
惠州	56.04	17	17.18	13.87	10.93	26.63	3.38	13.68	11.25
东莞	114.61	14.6	50.22	21.49	26.49	21.3	11.76	15.9	12.31
中山	38.27	9.08	15.35	11.29	7.99	9.3	2.97	14.67	12.31
江门	47.50	50.99	8.38	12.65	19.30	200.16	1.4	19.07	12.31
肇庆	22.13	10.26	4.31	20.37	1.1	44	0.7	9.58	12.31

2. 就业数据统计

粤港澳大湾区各城市经济发展水平较高，创新环境和创业氛围位于全国前列，特别是深圳、广州、香港等地区经济发展迅猛，带动了大量的岗位需求，就业机会相对充足。由表2-3不难看出，粤港澳大湾区内各城市的失业率远低于全国3.8%的失业率平均水平，尤其是制造业强市东莞，失业率仅在1.4%左右。

表2-3　粤港澳大湾区各城市2018年就业情况统计

城市	失业率（%）	城镇新增就业人数（万）
香港	2.8	/
澳门	2.4	0.08
广州	1.9	33.7
深圳	2.31	10.9
珠海	2.25	4.7
佛山	2.36	8.5
惠州	2.3	7.2
东莞	1.4	9.53
中山	2.3	6.2
江门	2.37	4.88
肇庆	2.36	4.4

三、粤港澳大湾区各城市促进创业政策体系概览

粤港澳大湾区城市群在响应国家创新创业政策的同时，各显神通，从顶层设计出发，围绕创业者资金、孵化、项目、人

才、培训等基本需求，通过供给侧结构性改革和创新，创新体制机制，完善法律法规，优化营商环境，营造公平竞争环境，消除不利于创新创业发展的各种制度束缚，加强创业就业政策与财税、金融、产业、贸易等宏观经济政策以及人才、教育、培训、社保等社会政策的衔接，形成了有利于促进创业的宏观政策体系。根据各市现行发布实施的创业扶持政策，我们将政府创业扶持政策划分为财税政策、金融政策、孵化育成政策、人才计划、创业培训及其他等5大类。

1. 财税政策

一方面，政府贯彻落实创业投资企业税收抵扣政策、企业研发费用加计扣除和固定资产加速折旧等各类国家税收优惠政策，减小创业企业的税收负担。另一方面，政府统筹安排科研、技改、产业、人才等各类专项资金，为初创企业提供诸如直接资助、房租减免补贴、社保补贴等资金支持。

2. 金融政策

通过激励政策鼓励银行、证券、保险、创业投资、小额贷款公司等机构与初创型小微企业及创客个人合作，从而引导社会资金通过天使投资、创业投资、股权投资、互联网众筹、融资担保等方式，为创业活动提供融资服务。

3. 孵化育成政策

政府建设孵化器和科技园区等基础设施，引导社会资本建设创业工厂、众创空间、孵化器、加速器等孵化育成载体，为创业者提供价格低廉、设备齐全的办公场所，鼓励运营机构科学发展，完善创业孵化服务，为创业企业提供专业的咨询和服务。

4. 人才政策

人才是经济社会发展的第一资源，也是创新活动中最为活跃、最为积极的因素。制定人才计划，加快招才引智，激发人才创新创造创业活力，可以为创业提供可靠的创新人力资源。

5. 创业培训及其他政策

政府利用教育培训方面的创业政策增加创业者学习创业技能、提升创业能力的机会，扩大城市创业的人才储备，促进城市创业的发展。教育培训包括与创业、企业经营等相关的讲座，创业训练营，创业实训等教学课程和组织活动，丰富创业者的创业知识，提高其企业运营能力，促进创业企业的快速成长。

此外，政府还通过利用舆论宣传改善城市创业文化和创业氛围，促进城市创业的发展。如设置电视节目、举办创业竞赛、建立创业项目库和树立创业典型等，增强公众的创业意识和公众对创业活动的认可，培育鼓励创新和冒险的城市创业文化，激励人们投入创业活动。

第二节　粤港澳大湾区各城市主要创业扶持政策

一、广州

作为华南地区唯一的"国家中心城市"，广州是我国最早对外开放的城市之一。东江、西江、北江在此交汇，濒临南海，得天独厚的地理位置让广州发展成为贸易之都。每年在广州举办的"中国进出口商品交易会"，吸引了大量客商以及外资企业、世界500强企业的投资。近年来，广州响应国家政策，依托自身优势资源和城市发展特色，大力推进创业创新工作，致力于为创业者营造优质的创业环境，形成具有广州特色的创业机制和创业服务体系。

1. 财税政策

（1）直接资助类

一次性创业资助——创业成功并正常经营6个月以上符合要求的企业，每户给予一次性创业资助5000元。

创业带动就业补贴——按初创企业招用人数给予就业补贴，招用3人（含3人）以下的按每人2000元给予补贴；招用3人以上的每增加1人给予3000元补贴，每户企业补贴总额高达3万元。

优秀创业项目资助——对获得"赢在广州"创业大赛三等奖以上奖次或优胜奖，并于获奖之日起两年内在本市领取工商营业执照或其他法定注册登记手续的优秀创业项目，给予一等奖20万元、二等奖15万元、三等奖10万元、优秀奖5万元的一次性奖励。

（2）房租补贴类

租金补贴——给予符合条件的初创企业租用经营场地租金补贴，每户每年4000元，累计不超过3年。

（3）税收社保类

创业企业社会保险补贴——对符合要求的初创企业依照"先缴后补"原则，按照养老、失业、工伤、医疗和生育保险缴费基数下限和缴费比例，给予累计不超过3年的社会保险补贴（个人缴费部分由个人承担）。

2. 金融政策

创业担保贷款——对符合条件自主创业（国家限制行业除外）自筹资金不足的个人或者合伙经营人员提供担保贷款。个人担保贷款最高额度为20万元；合伙经营可依据人数适当扩大贷款规模，按每人不超过20万元、贷款总额不超过200万元的额度实行"捆绑性"贷款（持有本市工商行政管理部门核发的营业执照中组成形式为"家庭经营"的个体工商户，按合伙经营项目条件受理）。免除反担保项目申请的贷款额度最高控制在10万元内。

鼓励创投促进发展——鼓励创投机构对广州的中小企业进行投资，对投资在穗种子期、初创期科技创新企业的创投机构，按企业实际到账投资额的15%给予奖励。

3. 孵化育成政策

科技企业孵化器和众创空间后补助——对经认定的新认定的市级孵化器、国家级孵化器培育单位和国家级孵化器，分别给予50万元、100万元和200万元的一次性奖励；新认定的广东省众创空间试点单位、国家级备案众创空间，分别给予20万元、40万元的一次性奖励；新认定的广东省粤港澳台科技企业孵化器、广东省粤港澳台众创空间，分别给予30万元、20万元的一次性奖励；新认定的广东省国际科技企业孵化器、广东省国际众创空间，分别给予30万元、20万元的一次性奖励；新认定的国家专业化众创空间，给予50万元的一次性奖励。对各种孵化器及众创空间给予年度考核评价并给予奖励，每家孵化器的年度评价奖励累计最高不超过300万元，每家众创空间的年度评价奖励累计最高不超过40万元。

创业项目征集补贴——各级公共就业创业服务机构向创业者推介"广州市创业项目资源库"项目，并提供包括创业培训、创业补贴申领、营业执照办理等"一站式"创业指导服务，直至开业成功，给予对接及跟踪服务补贴1000元/个。

创业孵化补贴——对于市人力资源和社会保障行政部门认定的创业孵化基地，为创业者提供1年以上期限创业孵化服务（不含场租减免），按实际孵化成功（在本市领取工商营业执照或其他法定注册登记手续）户数，按每户3000元标准给予创业孵化补贴。

示范性创业孵化基地补贴——对新认定的市级示范性创业孵化基地，认定后给予10万元补贴。认定后按规定参加评估并达标的，一次性给予20万元补贴。

4. 人才政策

2017年底，广州市印发《广州市高层次人才认定方案》《广州市高层次人才服务保障方案》《广州市高层次人才培养资助方案》等3份文件，启动新一轮高层次人才认定工作，计划

5年内将投入约15亿元，为高层次人才提供住房保障、医疗保障、子女入学、创新创业、资助补贴等方面的优渥待遇。这是自2016年出台产业领军人才"1+4"政策文件之后，广州市在完善人才政策体系、加快吸引集聚人才方面的又一重大举措。

同时，广州市人民政府办公厅发布关于实施鼓励海外人才来穗创业"红棉计划"的意见，通过加大创业项目资助力度、拓展海外人才创业融资渠道、优化创业主体市场环境、落实支持创新创业优惠政策、完善海外人才创业服务等一系列措施，旨在围绕广州市"IAB计划"（发展新一代信息技术、人工智能、生物科技产业计划）、"NEM计划"（发展新能源、新材料产业计划）以及其他重点产业领域，从2018年起5年内每年引进并扶持不超过30个海外人才来穗创业项目，集聚一大批具备较高专业素养和丰富海外工作经验、掌握先进科学技术、熟悉国际市场运作的海外创业人才，打造海外人才创新创业集聚高地，培养促进经济增长的新动能。

5. 创业培训及其他政策

创业培训补贴——对到广州市人力资源社会保障行政部门认定创业培训定点机构参加创业培训（SIYB）和创业模拟实训，并取得合格证书的符合要求的城乡各类劳动者，给予SIYB创业培训补贴1000元和创业模拟实训补贴800元。

举办创业大赛——广州市持续举办广东"众创杯"创新创

业大赛、"赢在广州"大学生创业大赛、"青创杯"广州青年创新创业大赛和中国创新创业大赛（广州赛区）等，并为优秀创新创业项目提供专业化培训课程、创新创业训练营等配套服务和创业担保贷款、银行专项授信、政策补贴直补等全方位创业扶持措施，为创新助力，为创业搭台，激发社会创新创业风潮。

建设大学生创业服务站——落实高校毕业生就业创业促进计划，实施"校园精准服务行动"，强化高校毕业生在校期间就业创业服务。组织"青创广州"广州青年创新创业周等活动。联合高校合作共建"广州青年就业创业指导工作站"，为大学生提供各项就业创业服务。

搭建创新创业平台——充分利用中国海外人才交流大会暨中国留学人员广州科技交流会平台，吸引更多的留学人员在广州就业创业。推进广州科学城、国际创新城、归谷科技园等创新创业平台建设，强化"红棉计划"创业企业主体地位。

二、深圳

作为国家改革开放先行先试的窗口，深圳围绕建设国家自主创新示范区，始终坚持创新驱动发展，着力优化综合创新生态体系，鼓励和支持"大众创业、万众创新"，努力使深圳成为创新创业的天堂和创客的乐园、家园，打造"深圳创新、深圳创造、深圳创业"的城市品牌。早在2016年8月8日，深圳市政府就发布了《深圳市人民政府关于大力推进大众创业万众创新的实施意见》（深府〔2016〕61号），致力于从创新体制机制、优化财税政策、创新金融服务、扩大创业投资、发展创业平台、增强创业服务等方面系统优化创业创新环境，形成有利于创新创业的良好氛围，激发全社会创新创业活力。深圳市各级政府部门以此为纲，扎实推进实施意见相关工作。2018年2月，深圳发布了《关于加大营商环境改革力度的若干措施》，共提出20条改革举措126个政策点，包括贸易投资、产业发展、人才发展、政务环境、绿色发展、法律法规6个方面，通过供给侧结构性改革和创新，进一步简政放权、优化服务、完善相关法规、扶持政策和激励措施，营造公平竞争环境，消除不利于创新创业发展的各种制度束缚，着力营造国际一流营商环境，以进一步激发创新创业以及经济发展活力。

1. 财税政策

（1）直接资助类

初创企业补贴——自主创业人员在深圳市初创企业，自取得商事主体营业执照（或其他法定注册登记手续）之日起正常经营6个月以上，可申请5000元的初创企业补贴；属于合伙创办企业的，经核实合伙人条件、出资比例等，按该初创企业首次申请时的商事登记合伙人人数每名计发5000元初创企业补贴，其中商事登记合伙人应具有自主创业人员身份。初创企业补贴只能申请并享受一次且合计金额不超过5万元。

创业带动就业补贴——自主创业人员在深圳市初创企业、吸纳户籍人员就业并按规定缴纳社会保险费的，按其吸纳就业（签订1年以上期限劳动合同并已缴交6个月以上社会保险费）人数给予创业带动就业补贴。招用3人（含3人）以下的按每人2000元给予补贴；招用3人以上的，每增加1人给予3000元补贴，总额最高不超过3万元。

优秀创业项目资助——经评审认定的海外高层次人才"团队＋项目"，给予最高1亿元资助，对成长性好和业绩突出的团队项目，根据实际需求予以滚动支持或追加资助；出国留学人员来深创业，符合条件的给予30万元到100万元创业资助，特别优秀项目给予最高500万元资助；对符合条件的创客个人、创客团队项目给予最高100万元资助；对在市人力资源保障部门组织的全市性创业大赛中获奖的优秀项目，并在深圳市完成商事登记给予最高50万元资助；对国家部委主办的国家级创业大赛或者省直有关部门主办的省级创业大赛中获得前三名的优秀创业项目并在深圳市完成商事登记的，每个项目给予5万元到20万元的配套资助。

科技创新券补贴——向符合条件的中小微企业和创客发放

科技创新券，中型企业、小型企业、微型企业、创客个人单次申领额度上限分别为20万元、10万元、5万元、1万元，用于向科技服务业、高等院校、科研机构等科技服务机构购买研究开发服务、技术转移服务、检验检测认证服务、知识产权服务以及国家高新技术企业认定服务等科技服务。

（2）房租补贴类

高层次人才创业场租补贴——为获得海外高层次人才创新创业专项资金创业资助、团队资助或广东省创新科研团队资助的创业企业，提供自企业设立之日起二年内500平方米以下部分每月每平方米30元场租补贴，自企业设立之日第三年给予500平方米以下部分每月每平方米15元场租补贴；对自主创业者进行场租补贴，对入驻市、区部门主办孵化载体的企业给予连续三年第一年不低于80%、第二年不低于50%、第三年不低于20%的减租补贴；对入驻经市区政府部门认定备案的创业孵化载体的企业给予连续三年第一年每月1560元、第二年每月1300元、第三年每月910元的租金补贴，实际租金不足补贴标准的按实际租金补贴；自主创业人员在主办、认定载体外租用经营场地初创企业的，给予每月最高不超过650元（每年最高不超过7800元）、最长不超过3年的房租补贴。

（3）税收社保类

优化财税政策——2018年期间，深圳市政府贯彻落实创业投资企业税收抵扣政策、企业研发费用加计扣除和固定资产加速折旧等国家税收优惠政策，并开展各项税收优惠政策宣传培训，确保初创型小微企业"应享尽知"。

社会保险补贴——自主创业人员在深圳市初创企业，并在该初创企业缴纳社会保险费的，自商事登记（或其他法定注册登记）并取得经营资质之日起，单位缴交部分按不超过我市社会保险费最低缴交标准，据实给予社会保险补贴，补贴期限最长不超过3年。

2. 金融政策

创新金融服务，丰富创业融资新模式，促进产融互动——政府搭建深圳市创业创新金融服务平台，聚集银行、保险、天使、创投、担保、再担保、小贷等多种金融业态100多家金融服务主体，发布多项金融产品和服务，包括科技担保融资、知识产权融资、股权质押融资等新型融资方式，为企业提供债权、股权、增信等多元金融产品和服务，为企业提供多元融资渠道，为创业活动提供资金支持。主办银企对接会，线上、线下宣讲会，畅通企业与金融机构对接渠道，解决企业因渠道不畅而导致的融资难题。

建立和完善创业投资引导机制，扩大创业投资——深圳市政府创新创立人才基金，通过发挥市政府投资引导资金的引导作用，吸引社会资本共同参与人才创新创业企业投资。市财政设立专项资金，对经备案的创投机构投资的天使投资项目企业，按其获得实际现金投资额的2%，予以最高50万元一次性资助；对从事高新技术产品研究开发的中小微企业予以最高1000万股权投资，用于实施项目研发或科技成果转化；对小型微型企业银行贷款担保费资助每年每家最高30万元并同时对担保公司给予一定比例的小微企业融资担保风险补偿资助，单户最高补贴100万元。

创业担保贷款贴息——自主创业人员在深圳市的初创企业（国家限制类行业除外）可申请创业担保贷款。个人最高贷款额度为30万元，合伙经营或创办的，可按每人不超过30万元、总额不超过300万元的额度实行"捆绑性"贷款。在规定的贷款额度内，按照中国人民银行公布的同期贷款基准利率，最高上浮3个百分点据实给予贴息，财政贴息支持的创业担保贷款期限最长为3年。

3. 孵化育成政策

发展创业孵化服务——深圳市、区各级政府设立专项资金，对辖区内的创客空间、孵化器、产业园的建设投入和运营投入给予补贴和奖励。引导建设孵化器、加速器、专业孵化器，为创新创业者提供低成本、便利化、全要素、开放式的工作空间、网络空间和社交空间。

发展第三方专业服务——不断丰富和完善各项创业服务，为初创企业提供企业管理、财务咨询、市场营销、人力资源、法律顾问、知识产权、检验检测、信用评价等第三方专业化服务，形成完整的创业孵化产业链条。

发展"互联网+"创业服务——推动基于"互联网+"的创新创业活动加速发展，促进创业与创新、创业与就业、线上与线下相结合，降低全社会创业门槛和成本。

引导建立专业化的公共服务平台——鼓励建设为创新创业企业提供虚拟秘书、政策发布、创新资源整合等服务的公共服务平台，营造"创业无时差，创新零距离"的创新环境。对经国家有关部门认定获得中小企业公共服务示范平台或小型微型企业创业创新示范基地称号的平台基地给予80万元奖励，对经省或市级相关部门认定获得中小企业公共服务示范平台或小型微型企业创业创新示范基地称号给予50万元奖励。

4. 人才政策

2016年3月，深圳市政府印发《关于促进人才优先发展的若干措施》，坚持人才优先发展战略，充分发挥市场配置作用，突出业绩、能力和市场导向，聚天下英才而用之，最大限度激发人才创新创造创业活力。随后，深圳市、区两级政府相继出台相应的人才计划细则，制定各项奖励、资助、补贴等政策，引进社会各界人才，共谋深圳创新创业新发展。对深圳市新当选的两院院士和新引进的杰出人才，每人给予100万元工作经费和600万元奖励补贴（可选择200平方米左右免租10年的住房）。经认定的国家级领军人才、地方级领军人才、后备级人才和海外A类、B类、C类人才，分别给予300万元、200万元、160万元奖励补贴。对新引进人才提供人才安居保障，向新引进入户的全日制本科及以上学历的人员和归国留学人员发放一次性租房和生活补贴，其中，本科每人1.5万元，硕士每人2.5万元，博士每人3万元。

深圳市政府在2018年初印发的《关于实施"鹏城英才计划"的意见》（深发〔2018〕10号）中，将市人才基金总规模由2017年的80亿元扩大至100亿元。支持科研人员、大学生、境外人才等来深创业。此外市财政每年投入不少于10亿元，用于培育和引进海内外高层次人才和团队。

深圳市、区一系列人才措施的实施使深圳已成为高等教育学历常住人口比例平均增速唯一超过50%的城市。

5. 创业培训及其他政策

深圳市政府设置职业技能培训补贴资金开展创业技能培训，提升劳动者技能，促进劳动者就业，为创业企业提供具备专业技能的从业人员；组织创业培训及创业项目推介、创业指导进校园、进社区等专题活动，激发社会创业激情；鼓励资深创客、知名创客，青年企业家协会、妇女企业家协会等协会专业人士加入创业指导专家团队，为初创企业提供创业辅导。公共就业服务部门创业导师对创业者分类、分阶段进行指导，根据创业导师的服务情况和效果，给予每半天不超过600元、每天不高于1000元的工作补贴；鼓励其提供志愿服务，给予每次不超过200元的交通伙食费补助。

以深圳国际创客周、创新创业大赛、全国"大众创业、万众创新"活动周深圳会场等活动为载体，营造创新创业的文化氛围，并设立专项资金鼓励中国创新创业大赛、中国（深圳）创新创业大赛、全国农业科技创新创业大赛等竞赛优胜项目在深圳落地。

发挥"高交会"海外分会、深港青年创新创业基地等创新创业平台作用，支持创客项目参加香港创新设计展等国内外宣传活动。

三、珠海

改革开放40多年来，珠海的建设和发展取得了辉煌成就，但也面临着经济结构不优、新动能培育不快、城市体量偏小、人才总量不足等问题。鉴于此，珠海深入推进"放管服"改革，打造了优良的营商环境和创业环境，持续减轻企业负担，增强企业活力，促进扩大就业，有效应对当前经济环境的新情况、新变化。珠海市政府结合企业实际制定了一系列优惠扶持政策。

1. 财税政策

（1）直接资助类

初创企业一次性综合资助——对前期出台的针对初创小微企业提供创业补助、场地资金补贴和贴息补贴等6大类补贴项目进行改良和简化，并加大资助力度，对毕业5年内普通高等学校毕业生在珠海创办的初创小微企业，可根据创业带动就业人数、纳税等情况，发放最高20万的一次性综合资助。

青年创业人才项目资助——对自有技术、项目，自筹资金在（来）珠海市创办企业，年龄40周岁以下的创业人才（含港澳台人才）给予资助，分为A、B、C三个等级，根据项目技术的先进性、可行性、创新性程度，经专家评审，分别给予100万元、50万元、15万元资助，对特别优秀项目给予最高500万元资助。

留学人员创业初期费用补贴——创业初期费用补贴标准分为A、B、C三个等级，根据项目技术的先进性、可行性、创新性程度，经专家评审，分别给予100万元、50万元、15万元资助，对特别优秀项目给予最高500万元资助。

高层次人才创业资助——高层次人才创业项目可获珠海市人才专项资金无偿资助，最高资助额度200万元。

创业团队项目资助——按国际顶尖、国际先进、国内领先三个层次对入选的创新创业团队予以资助，最高资助额度1亿元。未入选的创新创业团队，具有良好成长潜力的，可纳入创新创业团队培育库管理，予以最高500万元的资金资助。鼓励团队项目加快实施产业化，对通过验收评估的团队项目，验收后3年内，按照其每年对地方贡献情况予以50%的奖励，每年最高不超过300万元。

2. 金融政策

留学人员创业贷款贴息——对符合要求的创业项目给予贷款贴息，总额最高30万元，贴息年限最长不超过3年。

3. 孵化育成政策

对被认定为国家级、省级创业孵化示范基地的，分别给予50万元、30万元的一次性建设扶持经费。开展创业孵化基地服务管理人员能力提升培训。将人才租房补贴扩大到经认定的市、区创业孵化基地内初创企业招用的毕业3年内普通高校毕业生，补贴标准为每人每月400元，补贴期限最长2年。

对孵化器内创业投资失败项目，创业投资风险补偿金按不超过单个项目投资损失率的50%和最高补偿金额不超过50万元的标准给予补偿。

入孵企业在孵化期内享受租金减免优惠，孵化期2年内全额免收场地租金，孵化期满2年经批准延长孵化期的，延长孵化期期间（第3年）场地租金减免20%。

4. 人才政策

政府出台人才新政"珠海英才计划"。从2018年起，用5年左右时间，在珠海经济社会发展重点产业领域中重点遴选支持一批有较大发展潜力、有真才实学、堪当重任的优秀青年人才，择优遴选1000名左右优秀人才进行重点培养，力争培养造就一批高层次人才行列的领军人才。对顶尖、一类、二类、三类高层次人才分别给予200万元、100万元、60万元、30万元奖励，分5年等额发放，每年发放一次。给予产业青年优秀人才20万元奖励，分2年等额发放，每年发放一次。

同时，支持本地企业积极培养科技研发和经营管理人才，对产业青优人才补贴从6万元提至20万元。对企业新引进入户基础性人才，提供为期2年的租房和生活补助。其中30周岁以下全日制本科、40周岁以下技师每人共发2.6万元，35周岁以下全日制硕士、45周岁以下高级技师每人共发3.8万元。

对经珠海市申报入选"珠江人才计划"团队项目，根据省资助额度，按1∶1比例配套资助，最高配套金额达到1亿元。

5. 创业培训及其他政策

面向创业企业创始人实施"雏鹰计划"，政府出资定期举办培训班，聘请"211""985"高校教授、各行业专家、投资人、知名企业家、成功创业者等出任授课导师，为学员分享企业管理与实战经验。创业培训课程围绕初创企业资金短缺、人才匮乏、业务开拓难等热点难点问题开展，融案例分析和专家诊断于一体，通过学习创业知识和技能，提高创业者综合素质。同时，通过培训促进珠海市技术、项目、市场、资本等多方创业资源要素对接交流，进一步促成创新创业协同发展的良好局面，提高创业成功率。

创业服务机构、行业协会等针对不同群体、不同阶段的创业需求开发创业培训（实训）项目，经市人力资源和社会保障部门组织专家评审论证后纳入补贴范围，给予每人最高2500元的补贴。

举办创业大赛、创业公开课、创业大讲坛、创业训练营等活动，营造政府鼓励创新创业的良好氛围。

四、佛山

佛山是广东省第三大城市，位于广东省中部，地处珠三角腹地，东接广州，南邻中山，是广佛都市圈、广佛肇经济圈、珠三角经济圈、粤桂黔高铁经济带的重要组成部分。佛山作为中国先进制造业基地、广东重要的制造业中心，其独特的佛山模式使"佛山制造"享誉海内外，在广东省经济发展中处于领先地位。作为粤中发达城市，佛山在鼓励创业方面制定了多维度、全方位覆盖的创业资金扶持政策体系。

1. 财税政策

（1）直接资助类

高校毕业生创业补贴——按实际招用应届高校毕业生人数，每人每月200元给予岗位补贴，最长不超过3年。创业的高校毕业生所创办的企业经认定为小微企业的，将按照招用应届高校毕业生给予一次性就业补贴2000元。

创业带动就业补贴——对符合要求的创业企业给予创业带动就业补贴，补贴标准为招用3人（含3人）以下的，按每人2000元给予补贴；招用3人以上的，3人按每人2000元给予补贴，第4人及以上的按每人给予3000元补贴，总额最高不超过3万元。

创业资助——对符合要求的初创企业给予5000元一次性创业资助。

场地租金补贴——对符合要求的初创企业给予场地租金补贴，补贴标准按实际交付的全年租金金额、最高不超过6000元/年，享受期限累计不超过3年。

优秀创业项目资助——对符合要求的优秀创业项目，市人力资源和社会保障局按规定分别拨付5万到20万元资助资金。

（2）税收社保类

对符合要求的创业给予社会保险补贴。补贴标准均为按实际缴纳的基本养老、医疗、失业、工伤、生育保险费总额（不包括个人部分）给予社会保险补贴，最长不超过3年，并且社会保险补贴是实行"先缴后补"的办法。

2. 金融政策

对符合条件的返乡创业人员，可按规定申请创业担保贷款，其中个人最高20万元，合伙经营或创办小企业的可按每人不超过20万元、贷款总额不超过200万元的额度实行"捆绑性"贷款；符合贷款条件的劳动密集型和科技型小微企业，贷款额度不超过300万元。

对符合条件的创业人员发展符合本身城乡统筹发展产业规划，投资少、见效快、风险小、市场前景好、有较强收益能力的创业项目，给以个人1万~10万元/人不等信用贷款和10万~100万元/人不等的抵押贷款。

正常经营超过3个月以上，且有持续、稳定的经营现金流的小微企业、个体工商户、合伙商户，可申请10万元以上小额贷款，在各类创业大赛或优秀创业项目评选中获奖的落地项目，贷款额度可提高到20万元，贷款期限为一年，利率为人民银行公布的贷款基准利率的基础上加三个百分点，还款方式每月付息到期还本或每月还本付息（包括前1-4个月还息不还本，后每月还本付息），政府负责单一借款人贷款金额所产生利息的100%贴息。

3. 孵化育成政策

创业孵化基地奖补助——被认定为区级创业孵化基地的，给予一次性20万元补助；被授予市级示范性创业化基地的，给予一次性30万元补助（不含市给予的补贴）；被授予和省级创业孵化基地的，给予一次性50万元补助（不含省给予的补贴）。创业孵化基地奖补应逐级向上申请，方可按被认定的级别叠加。

创业孵化补贴——按实际孵化成功（在本区领取工商营业执照或其他法定注册登记手续）户数每户3000元标准给予创业孵化补贴。

4. 人才政策

2018年1月，佛山出台《佛山人才发展体制机制改革实施意见》，提高人才引进支持力度，并首次对高级职称专业技术人才给予安家补贴，对硕士、本科学历人才以及高技能人才给予租房补贴。

企事业单位全职新引进的中级职称专业技术人才、高级技师及具有硕士学位的人才每人每年给予9000元租房补贴，具有本科学历的人才每人每年给予6000元租房补贴，期限不超过

3年。

对引入的市级科技创新团队,每个团队的资助标准提高到200万~2000万元,平均每个团队可获得800万元资助,对省创新创业团队,市、区资助总额最高可达1亿元。

5. 创业培训及其他政策

创业培训补贴——对符合要求的参加创办企业培训的每人最高补贴1000元,纳入补贴范围的创业培训(实训)项目,按每人最高2500元给予补贴。帮助初创企业经营者提升素质能力,支持佛山市有发展潜力和带头示范作用突出的初创企业经营者积极争取纳入省每年按每人1万元标准、资助不超过500名初创企业经营者的资助范围内,参加高层次进修学习或交流考察。

举办创业大赛——为了促进科技型中小企业创新发展,激发全社会的创新创业热情,宣传创新创业人物,树立创新创业品牌,营造"鼓励创新、支持创业"的社会氛围,佛山市科技局举办市创新创业大赛,并推出10项优惠扶持政策,给予获奖者资金支持:一等奖60万元;二等奖45万元;三等奖30万元。优胜奖获得者,将获得信贷补偿基金贴息优先立项。此外,对于参赛优胜企业,在推荐申报国家和省创新基金专项、参加全国大赛、提供专利质押融资补贴支持,以及在产权服务、券商辅导、创业导师指导、孵化服务等方面,都有相应的周密设计给予支持。

五、惠州

惠州是我国知名的客家侨都,背靠罗浮山,南临大亚湾,属珠江三角洲、粤港澳大湾区东岸。惠州毗邻深圳、香港,北连河源市,东接汕尾市,西邻东莞市和广州市,是珠江三角洲中心城市之一。目前,惠州两大经济支柱分别是电子业和石化业。为了鼓励创业者在惠州创业,惠州市政府针对创业过程的各个阶段分别给予了相当程度的支持,推出了一系列创业就业扶持优惠政策。

1. 财税政策

(1) 直接资助类

创业启动资金补贴——对符合条件的自主创业企业给予5000元的一次创业资助。对完成创业培训学习的大学生给予300元的一次性创业培训生活补贴。对大学生创业失败造成的损失,政府给予2000元的创业失败补贴。

创业带动就业资助——对符合要求的初创企业提供创业带动就业补贴,招用3人(含3人)以下的按每人2000元给予补贴;招用3人以上的每增加1人给予3000元补贴,总额最高不超过3万元。

创新创业大赛配套资助——对入驻广东惠州大学生创业

孵化基地的企业（团队）和个人的创业项目：获得国家人力资源和社会保障、科技、教育部门创业创新一、二、三等奖奖励的，分别给予20万元、15万元、10万元奖励；获得广东省级创业创新一、二、三等奖奖励的，分别给予10万元、8万元、5万元奖励；获得市级创业创新一、二、三等奖奖励的，分别给予5万元、3万元、1万元奖励。

（2）房租补贴类

在校及毕业5年内高校毕业生租用经营场地（含社会资本投资的孵化基地）创办初创企业并担任法定代表人或主要负责人的，可申请每年最高6000元、补贴期限累计不超过3年的租金补贴。

企业（团队）和个人入驻大学生创业孵化器期间：在苗圃区孵化期二年可享受全额房租减免，实现了"零房租"入驻；孵化区第一年可享受全额房租减免，第二年按5元/平方米收取租金。对入驻创业孵化基地的企业近三年依次按照不低于80%、50%、20%的比例减免租金，其他海内外留学回国人员、在校生及高校毕业生、退役军人等均可申请最高不超过6000元的租金补贴，最长可补贴3年。

2. 金融政策

贷款贴息类——政府针对自主创业的企业贷款推出了小额担保贷款贴息优惠政策，个人最高20万元和合伙经营的贷款总额不超过200万元以贷款基准利率最高上浮3个百分点据实给予贴息，劳动密集型和科技型小微企业贷款不超过300万元的，按贷款基准利率的50%给予贴息。

3. 孵化育成政策

惠州还实施了"双创平台工程"，做强做大创新创业平台载体，打造100万平方米以上"众创空间＋创业苗圃＋孵化器＋加速器"的全孵化链条，大力培育新型研发机构，鼓励和支持设立院士工作站、博士后工作站等，为人才成长进步搭建好平台和载体。

对达到市级示范性基地建设标准的创业孵化基地给予30万元的一次性奖补；同时对认定为国家级孵化器、省级孵化器、市级孵化器、市级孵化器培育单位分别给予100万元、60万元、50万元、30万元奖励。并根据孵化器绩效评价结果给予运营补助。同时对孵化器、众创空间的建设按照投资额的25%给予最高100万元一次性建设资助，对上年度新增面积3000平方米以上的市级孵化器培育单位或以上级别的孵化器，给予新增孵化面积30元/平方米的一次性补助，资助最高不超过60万元。

设立科技企业孵化器天使投资引导基金，对投资于孵化期企业的天使投资机构，按照投资额一定比例给予支持。并对市级以上的（含）孵化器的在孵企业已报备且依法经营的项目，首贷出现的坏账，市财政按40%比例分担本金损失，最高不超过40万元。对符合补偿条件的众创空间、孵化器内创业团队、在孵企业的首次创业投资失败项目,按项目投资损失额的20%给予创业投资机构补偿,单个项目最高不超过100万元。

鼓励在孵运营团队积极申报人才及团队支持计划,对入选一类、二类运营团队分别给予50万元、30万元资助。

符合国家规定条件在孵企业(孵化时间不少于半年)被认定为高新技术企业,每认定1家奖励该孵化器5万元;在孵企业对市、县财政贡献(对比入孵前)增量的25%奖励给孵化器运营主体,25%奖励给在孵企业用于科技创新。为创业者提供创业孵化服务的创业孵化基地,孵化成功一家就给予3000元的创业孵化补贴。

4. 人才政策

早在2013年,惠州市就发布了《惠州市引进领军人才和创新团队"天鹅计划"实施方案》,对评定的具有国际先进水平、具有国内领先水平、具有省内领先水平的科技创新团队分别给予1000万元、500万元、200万元的专项工作经费资助;对认定为第一、二、三类领军人才并在惠州工作分别给予100万元、50万元、30万元工作经费资助,入户后分别给予50万元、30万元、10万元的一次性住房补贴,与用人单位签订工作合同期内分别每月1万元、0.5万元、0.3万元的人才津贴补助,最长五年。

5. 创业培训及其他政策

对参加创业培训并学习完全部课程的大学生，每人给予300元的一次性创业培训生活补贴。

同时，政府对于支持创业，并为创业提供服务的培训创业机构给予培训补贴，依据培训人员的合格证书进行补贴，SYB培训补贴标准为1000元/人，GYB培训补贴标准为400元/人。由政府组织评审的创业培训项目则给予每人最高2500元补贴。

六、东莞

东莞位于广东省中南部、珠江口岸，北接广州市，西与广州市隔海相望，南接深圳市，东接惠州市，是广东重要的交通枢纽和外贸口岸。改革开放初期，东莞凭借毗邻港澳的优越地理位置以及廉价的劳动力和土地价格吸引了外界的投资者，逐渐发展成为专业从事产品加工制造的"世界工厂"，与南海市、中山市和顺德市合称"广东四小虎"，且排名第一。在"大众创业、万众创新"的浪潮下，东莞市政府出台了系列政策。

1. 财税政策

（1）直接资助类

一次性创业资助——对符合条件的创业者提供一次性创业资助，并在2016年将5000元的创业资助提升至1万元。

创业带动就业补贴——对符合条件的创业企业给予创业带动就业补贴。补贴标准为招用3人以下（含3人）的按每人2000元给予补贴；招用3人以上的每增加1人给予3000元补贴，总额最高不超过3万元。

困难高校毕业生求职创业——对符合条件的东莞市属各普通高等学校毕业生，可获得一次性发放的求职创业补贴1500元/人。

（2）房租补贴类

对符合条件的人员提供创业场地租金补贴，每年最高6000元，最长补贴3年。

（3）税收社保类

为鼓励和帮扶高校毕业生自主创业，给予自主创业者社会保险补贴。用人单位申请补贴实行先缴后补，补贴标准为其实际缴纳的由用人单位负担的保险费部分，补贴期限最长不超过3年。

2. 金融政策

小额创业贷款。对符合要求的创业者提供小额创业贷款，贷款额度分四个档次：5万元、10万元、15万元、20万元。贷款利率在同期贷款基准利率的基础上上浮3个百分点，最长超过3年，采取到期一次性还本的偿还方式。贷款利息由市、镇两级财政给予全额贴息。同时降低小额创业贷款门槛，简化手续，为创业者提供方便、快捷的贷款服务，实现贷款资金迅速到位，切实促进创业。

创新创业种子基金。市政府设立"东莞市创新创业种子基金"，委托专业管理机构对种子期、初创期科技型企业以及技术创新项目进行股权投资，对符合条件的企业和项目进行一次投资，投资额不超过300万，持股不超过30%。

3.孵化育成政策

创业孵化基地建设补贴及创业孵化服务补贴——为充分开拓创业服务资源，提高创业孵化的成功率，按实际孵化成功户数，给予创业孵化基地每户3000元的创业孵化服务补贴；成功孵化属普通高等学校、职业院校、技工院校学生（在校及毕业5年以内）和出国（境）留学回国人员（领取毕业证5年内）、复员转业退役军人以及登记失业人员、就业困难人员等身份的创业者，每户补贴5000元。

孵化基地认定奖励——市级创业孵化基地经认定后，给予20万元资助，在基地认定通过后拨到创业孵化基地运营机构在银行开设的基本账户。

4. 人才政策

2015年东莞发布了《东莞成长型企业人才扶持试行办法》等8项人才政策，对引进的重点企业人才资助最高2万/人，对柔性引进海外专家来莞工作给予用人单位引才补贴（引进一人补贴3万元）、海外专家生活津贴（一次性补贴2万元）和中介机构引才奖励（引进一名奖励5000元）。

2016年发布《东莞市莞港澳台科技创新创业联合培优行动计划（2016-2020）》，计划到2020年引进港澳台科技创新创业人才300人以上，并对港澳台科技创新创业企业按照其贷款实际支付利息的70%给予贴息，每个项目贴息时间最长不超过2年，每家企业最高贴息100万元人民币，对投资港澳台科技创新创业人才创业项目的创投机构给予投资额10%、最高50万元的风险补助，一年内对同一家创业投资机构的资助额最高不超过100万元。为入驻港澳台科技创新创业联合培优示范基地的港澳台科技创新创业人才提供最长两年的场租补贴，最大补贴面积200平方米。

5. 创业培训及其他政策

校企合作补贴——对符合要求为企业提供创业培训的高校按800元/人的标准，一次性给予企业校企合作补贴。

创业培训补贴——对参加"SIYB创业培训"且符合申报补

贴条件的人员，按每人1000元的标准核拨培训补贴款，补贴款拨入培训定点机构在银行开设的基本账户。

七、中山

中山市位于珠江三角洲中南部，珠江口西岸，北连广州，毗邻港澳，处于粤港澳大湾区的几何中心，在"东承西接"上起着重要作用。近年来，中山市面临着传统产业如家电、灯饰、五金、食品等行业改造提升、转型升级的迫切需求，战略性新兴产业如高端装备制造业、健康医药产业、新一代信息技术也蓄势待发。为促进城乡劳动者就业和推进全民创新创业工作，中山市政府2014年印发了《中山市就业创业专项资金使用管理实施细则》，并在此基础上进行一系列的调整和完善，围绕初创企业发展需求，制定了相应的资金激励政策。

1. 财税政策

（1）直接资助类

创业带动就业补贴——对符合要求的初创企业招用3人（含3人，法人除外）以下的按每人2000元给予补贴；招用3人以上的每增加1人给予3000元补贴，总额最高不超过3万元。

创业扶持资金——普通高等学校、职业学校、技工院校学生（在校及毕业5年内）和出国（境）留学回国人员（领取毕业证5年内）、军转干部、复退军人以及登记失业人员、就业困难人员在本市领取工商营业执照或其他法定注册登记手续且本人为法定代表人或主要负责人，办理就业登记且缴纳社会保险费满6个月后的次月经申请核准后给予5000元创业扶持金。

创业项目资助——在国家、广东、中山市创业大赛中获得前3名，在中山取得《工商营业执照》或《非企业法人登记证》，办理就业登记且缴纳社会保险费满6个月的，给予10万元创业项目资助。此外，市科技局设置科技金融专项资金，对参加中国创新创业大赛的项目给予补助；获得中山市分赛区优胜奖的，最高补助5万元；获中国创新创业大赛中山市分赛区一、二、三等奖的，最高补助分别为30万元、20万元、10万元；入围中国创新创业大赛广东赛区的项目，最高补助3万元；获广东省决赛优胜奖的，最高补助10万元；获广东省决赛一、二、三等奖的，最高补助分别为60万元、50万元、40万元；入围中国创新创业大赛的项目，最高补助10万元；获全国总决赛"优秀企业/团队"的，最高补助30万元；获全国总决赛一、二、三等奖的，最高补助分别为200万元、100万元、80万元。

引领创业补助——每年10月由市人力资源和社会保障局组织相关部门开展企业家引领创业绩效评估，对排名前10名企业家给予补助，补助标准为每带领一名劳动者成功创业给予2万元，年度内最高可享受引领10名劳动者创业补助。

创业项目开发补贴——符合条件的每个项目一次性200元补贴。

政府购买创业服务——一是为创业项目推介及成果展示提供补贴。社会团体、行业协会、社会化创业服务机构受邀到市内普通高等学校、技工院校、中职学校举办创业项目推介及成果展示。给予每个创业项目100元、总额最高1万元的补贴。

二是为创业集市活动提供补贴。在各镇区举办创业集市活动，为有创业愿望的在校学生、社会青年、市民免费提供6平方米摊位和基本设施，同时提供项目推介、创业指导、政策咨询服务。创业集市活动所需场地费、水费、电费由所在地政府承担，市财政按每个摊位1500元、总额最高10万元给予各镇区补助。

三是为创业大赛活动提供补贴。每年举办全民创业大赛、农业创业大赛、创业项目与投资者对接（年度路演）会各1场，每场费用标准为25万元。

四是为创业状况趋势调查提供补贴。每年进行1次以创业带动就业指数、创业企业实体贡献率、创业企业实体销售收入增长率、创业企业实体生存指数、创业企业实体增长率、创业企业实体比率、创业者增长率、创业者指数、创业环境满意指数为内容的创业调查，运用调查结果制定创业行业或项目的指导目录并向全社会发布。每次调查费用总额9万元。

五是为中山市全民创业平台升级提供经费。经市电子政务联席会议办公室审批,在原中山市创业平台的基础上增设网络教育(含企业注册、企业财税、企业人事、企业营销、企业物流、企业生产模拟)、创业资讯、创业服务、办事指南及补贴申请等模块,实现资源共享,信息互通,为大众创业提供更优质、更便捷的服务。

(2)房租补贴类

对符合要求的初创企业在领取营业执照或办理其他法定登记注册手续起3年内,可按年度申请每年6000元、补贴期限累计不超过3年的租金补贴。

(3)税收社保类

初创企业社会保险补贴——本市户籍人员于2014年10月1日(含10月1日)后取得《工商营业执照》或《非企业法人登记证》,办理就业登记且缴纳社会保险费满12个月后的次月,给予最长2年、每年500元补贴。

2. 金融政策

小额贷款贴息——登记注册3年内的小微型企业、个体工商户、民办非企业单位和农民专业合作社、家庭农场,可申请小额贷款,其中个人贷款额度最高20万元,合伙经营或创办小企业的可按每人不超过20万元、贷款总额不超过200万元的额度实行"捆绑性"贷款;符合贷款条件的劳动密集型和科技型小微企业，贷款额度不超过300万元。在规定的贷款额度内（建筑业、娱乐业以及销售不动产、转让土地使用权、广告业、房屋中介、桑拿、按摩、网吧、氧吧除外），个人贷款和捆绑性贷款可按照贷款基准利率最高上浮3个百分点据实给予贴息；劳动密集型和科技型小微企业按贷款基准利率的50%给予贴息。

青年创业扶持资金——每年安排资金30万元，重点对异地务工青年创业给予贷款扶持。

3. 孵化育成政策

创业孵化服务——经认定的创业园区或创业孵化基地（中山市大学生创业孵化基地、广东中山高校毕业生农业创业孵化基地除外），为入园创业人员免费提供创业政策咨询、项目推介、政务代办、融资咨询服务，有偿提供后勤保障、法律咨询服务。创业人员办理就业登记并缴纳社会保险费满1年的次月，经申请给予创业园区或创业孵化基地3000元。

创业园区或创业孵化基地投资补贴——经市人力资源和社会保障局认定的创业园区、创业孵化基地（2014年6月30日前已认定的除外）、农业孵化基地给予一次性30万元补贴。

省市共建和市级管理孵化基地费用——有创业愿望的劳动者均可申请入驻创业孵化基地创业，创业项目经专家评定通过，可获入园孵化。给予广东中山高校毕业生农业创业孵化基地每年每亩农田2500元补贴，中山大学生创业孵化基地每月每平方米给予10元场地租金补贴，场地租金、管理人员经费、办公经费、农田设施维护费、农具购置和维修费、安保设备设施购置和维修费等运营费用列入年度财政预算管理。

建设粤港澳青年创新创业合作平台——建设中山市易创空间创业孵化基地，设置1000平方米的港澳青年创新创业孵化区，累计为23支港澳青年团队提供了孵化服务，在孵港澳青年项目12个；2018年3月，中山市翠亨新区管委会与澳中致远投资发展有限公司签署《关于推动澳中青年创新创业园项目合作的框架协议》，约定项目由澳门中山青年商会牵头建设，占地48亩，总投资6.168亿元，拟建设中澳创新创业基地，重点为澳门、中山两地青年创新创业提供服务，同时结合中山及翠亨新区特色，吸引全球有志优秀华人青年回国创新创业。

4. 人才政策

2017年3月，中山市印发《关于进一步集聚创新创业人才的若干意见》，对中山市现有的人才政策进行了梳理与完善，涵盖制度设计、经费投入、英才计划、优才工程、创新创业、配套服务等18项内容，旨在建立健全人才管理与激励制度，着力打造人才生态福地和人才集聚高地，优化创新创业新生态。

实施"中山英才计划"，为人才提供住房、入户、创业场地、资金补贴、子女教育等一揽子贴身服务，努力营造吸引人才、重用人才、留住人才的环境。用人单位选择引进的科技创新领军人才、高端经营管理人才、金融人才、青年拔尖人才，经广东省认定的，直接分别认定为中山英才计划的科技创新、企业经营管理、金融领域的领军人才和青年拔尖人才，由市人社局审核并核定额度，为引进人才按实际年工资薪金收入1∶1比例提供生活补贴，每人每年最高不超过100万元，享受期为3年。对引进的创新创业团队按国际领先、国内领先、省内领先三个档次，分别给予最高3000万元、2000万元、1000万元资助；若推荐创新创业团队申报"珠江人才计划"，对入选团队在广东省财政资助基础上给予1∶1比例的配套资助。

5. 创业培训及其他政策

创业导师帮扶——创业导师受邀到市内高校、技工院校、中职学校、村（社区）开展"我要创业大讲堂"授课，每场（时间为半天）给予创业导师讲课补贴：副高级技术职称专业人员每半天1000元，正高级技术职称专业人员每半天2000元，院士、全国知名专家每半天3000元，其他人员参照副高级技术职称专业人员补贴。

创业教育补贴——一是为沙盘模拟教学设备提供补助。电子科技大学中山学院、中山职业技术学院、火炬职业技术学院，以及市内技工院校、中职学校等17所学校开设企业战略规划、资金筹集、市场营销、产品研发、生产组织、物资采购、设备投资与改造、财务核算与管理创业实战课程的，给予每所学校沙盘模拟教学设备补助经费8万元。

二是为创业导师提供补助。创业导师到市内高校、技工院校、中职学校、村（社区）举办"我要创业大讲堂"，向学生和市民传授创业意识教育、企业注册登记程序、企业财税知识、企业营销管理方法、创业就业扶持政策知识，给予创业导师经费5000元。

三是为电子商务人才培养提供经费。鼓励本市电子商务协会、软件行业协会、跨境互联网贸易促进会等机构开展电子商务人才培养，提高电子商务专业技术应用能力。举办电子商务知识讲座，每场人数达300人以上的，给予20000元补助；编印具有中山特色且适合在校生教育、初始企业、转型升级企业所需的创业培训教材补贴。安排市教育和体育局教材开发经费60万元，印刷经费每本20元。

创业培训补贴——创业培训定点机构组织具有创业要求和培训愿望并具备一定创业条件的劳动者，以及市内高校毕业学年的学生（毕业学年指毕业前一年7月1日起之后的12个月）。学员经培训取得创业培训合格证书后，按下列标准给予创业培训定点机构补贴：6个月内实现创业（指取得工商营业执照）给予1000元补贴；未取得工商营业执照人员给予600元补贴。每位符合条件的人员只能享受一次创业培训补贴。具体申请程序按照《关于印发中山市创业培训操作指南的通知》执行。

创业人才培养补贴——在中山创办企业3年以上，具有发展潜力、社会责任心强的企业经营者，通过自主申请、政府相关部门推荐相结合的方式，经专家评审确定的50名创业人才，按每人5000元补贴标准给予中山市就业创业协会组织高层次创业人才进修学习补贴。

举办"中山人才节"——自2014年起，中山市连续5年举行"中山人才节"。以此为平台，向广大创新企业和全国各地人才宣传推介中山人文环境和创新创业人才政策，吸引和集聚人才到中山创新创业；帮助人才与企业牵线搭桥，搭建合作交流平台，促进产学研合作；邀请有人才需求的创新企业与博士们对接洽谈，全力助推人才引进工作。

举办创新创业大赛——通过举办创业大赛激发青年人才的创新创业激情和动力，营造尊重创新、尊重创造的社会氛围，吸引及培育优秀的创业青年在中山创新创业。

举办人才发展高峰论坛——邀请专家、知名企业家等到中山，围绕人才发展体制机制改革、人才创新创业等人才工作前沿理论及热点话题展开思想分享和观点碰撞，指导人才工作的开展及推进，推进人才创新，促进企业发展，有效营造中山"尊重人才、爱惜人才、用好人才"的社会氛围，提升中山城市爱才重才的知名度和美誉度。

八、江门

江门市毗邻港澳，是珠三角西岸的中心城市之一。作为粤西欠发达城市，地域上属于城乡接合部。纵观现有创新创业扶持政策，有针对人员的多维度、全方位配套政策，如从顶层设计的创新创业领军人才引进、中间阶层的高校毕业生创业就业扶持、底层农村劳动力社保补贴扶持等；也有针对企业的系列扶持政策，如帮助小微企业投融资及减负、扶持中大型企业做强做大等政策；同时也有特别针对港、澳、台同胞个人及创办公司的系列扶持政策。

1. 财税政策

（1）直接资助类

各级人才资助——对申报成功的创业领军人才和创新领军人才给予300万元创业项目资助；高校毕业生团队最高享受1.5万元创业资助；对于符合条件的港澳人员在江门创业的，可享受一次性5000元创业资助；资助港澳人员省级优秀创业项目5万元至20万元，港澳人员创办科技型小微企业将一次性获得奖补20万元，港澳人员还可享受每户每年9600元、为期3年的税费优惠。此外，为加大港澳人员在江门创业扶持力度，江门市拟提高其创业资助额度：在现行一次性补贴5000元的基础上追加资助金额，单个企业最高资助不超过15000元。同时为鼓励高校毕业生创业积极性，对毕业5年内在江门创业，经营一定时间后创业失败的高校毕业生，符合相关条件的，根据其学历情况，可给予最高不超过2万元的一次性创业失败补偿；对于符合条件的香港人员在江门创业的，可享受创业本人1万元、创业团队1.5万元的创业资助，对台湾同胞获得省级优秀创业资助的，同样给予每个项目5万元至20万元资助，符合江门市遴选的优秀创业项目给予5万至30万元的资助，对于台湾同胞创办的企业已列入《江门市科技型小微企业名录》的，给予一次性奖补20万元。

创业大赛资助——江门市对于对获得省级以上创业大赛（包括其他省市省级比赛）前三名并在广东登记注册的创业项目，每个项目将给予5万元至20万元资助。

留学人员回国创业资助——江门市为鼓励留学人员回国创业，对于经人力资源和社会保障部审批确定的重点创业项目，国家一次性给予创业支持资金50万元；对于确定的优秀创业项目，国家一次性给予创业支持资金20万元；对留学归国人员入选国家、省人才项目资助计划的，江门市将按国家、省资助额的1∶1给予配套资助。

（2）房租补贴类

高学历人群创业场地房租补贴。硕士研究生每年最高9000元，博士研究生每年最高1.2万元，补贴期限最长3年；对于港澳同胞创办的初创企业，一般人员补贴标准为每年最高6000

元，补贴期限累计不超过3年，而对于针对创业者属于毕业5年内普通高等学校学生，可根据其学历情况在现行每年最高补贴6000元的基础上提高到每年最高不超过12000元，补贴期限最长3年；对于台湾同胞创办的初创企业，一般人员补贴标准为每年最高6000元，创业者属于毕业5年内毕业生的，根据其学历情况提高补贴标准，硕士研究生提高到每年度最高9000元，博士研究生提高到每年度最高12000元，补贴期限累计不超过3年。

（3）税收社保类

对于用人单位吸纳建档立卡贫困人员（签订1年以上期限劳动合同并按规定缴纳社会保险费），按每人1500元标准给予用人单位补贴；吸纳建档立卡贫困人员稳定就业满半年的，按每人1500元追加补贴。吸纳3名以上建档立卡贫困人员（签订1年以上期限劳动合同并按规定缴纳社会保险费满3个月），或吸纳3名以上建档立卡贫困人员（办理灵活就业备案）签订合作协议，可享受1万元的建设就业扶贫点补贴。获得市级示范性称号的，给予10万元补贴；获得省级示范性称号的，按省补贴金额1∶1比例给予补贴。

2. 金融政策

小额担保贷款贴息——对于符合条件的港澳同胞在江门创办初创企业（国家限制行业除外）自筹资金不足的，可申请创业担保贷款（小额担保贷款），其中个人贷款额度最高20万元,合伙经营或创办小企业的可按每人不超过20万元、贷款总额不超过200万元的额度实行"捆绑性"贷款。符合贷款条件的劳动密集型和科技型小微企业,贷款额度不超过300万元。在规定的贷款额度内,个人贷款和捆绑性贷款可按照贷款基准利率最高上浮3个百分点据实给予贴息;劳动密集型和科技型小微企业贷款,按贷款基准利率的50%给予贴息。对担保公司、风投机构或保险公司等为创业者申请创业贷款提供担保或保险,按照担保贷款额度的3%给予风险补偿补贴,每笔补贴金额最高5万元。

3. 孵化育成政策

自主创业的高校毕业生(含毕业年度内的高校生)及其创业团队可申请进驻江门市大学生创业孵化基地、江门市硕士研究生创业孵化基地和珠西先进产业优秀人才创业创新园等全市11个创业孵化载体,由孵化基地提供减免租金等各项孵化和配套服务。

4. 人才政策

为加强对高端人才的引进力度,江门自2016年出台了"1+10"人才新政以来,先后出台了《江门市领导联系高层次人才制度》《关于创新科研团队引进和资助暂行办法》等配套政策,形成了"1+15"的人才政策体系。围绕轨道交通、新材料新能源及装备、大健康等产业发展需求，有针对性地引进相关领域的高层次人才。并率先在全国试点建设全国博士后创新示范中心，为博士后等高端人才在江门创新、创业、实践期间提供"一站式"服务保障。实施"百名博（硕）士引育工程"，计划从2017年起，用4年时间主要面向全国引进以博（硕）士研究生为主的高层次人才100名以上，安排到市直企事业单位，为全市培养储备一批复合型高素质党政人才。引进的博士可聘为事业单位管理岗七级（相当正科级），同时由江门市政府给予博士每月3500元津贴，最长可享受3年。目前，对于新建立的博士后科研工作站和博士后创新实践基地，江门分别给予其50万元、20万元的一次性建设经费资助；省、市两级对在站博士后每年生活补贴最高35万元，博士后可享受最高4500元/月的租房补贴，享受期最长为3年；出站后留高新区、新会区、鹤山市就业的，最高给予3年共15万元生活补贴，并给予购房补贴最高50万元。博士后创办科技型小微企业可获20万元补贴。

5. 创业培训及其他政策

江门市大力实施"粤菜师傅"工程，探索采用全日制培训"粤菜师傅"、设立"粤菜师傅"培训基地以及以分布式"培训+就业"等多种形式，全力推进工程快速发展，实施"五邑菜系"彩虹计划，"粤菜师傅"按照指定美食项目实现创业的，给予最高不超过10万元的场所装修和购买设施补贴；对获得企业紧缺急需职业（工种）目录中高级工以上职业资格人员，劳动力技能晋升培训补贴和失业保险技能提升补贴均可在规定标准基础上提高30%。

对于港澳台同胞参加由定点创业培训（实训）机构组织的创业培训并取得培训合格证书的，可享受1000元每人的创业培训补贴。由港澳同胞有关创业服务机构、行业协会等开发，并经省人力资源社会保障厅会同相关部门组织评审纳入补贴范围的创业培训（实训）项目，每人最高补贴2500元。

九、肇庆

肇庆位于广东省中西部，西江干流中下游，东部和东南部与佛山市、江门市接壤，是国家级历史文化名城，有"中国砚都"之称，同时也是粤港澳大湾区重要节点城市之一。新能源产业、环保科技产业和先进设备制造产业是目前肇庆市三大支柱产业。为了支持创新创业，肇庆市先后出台了一系列的相关扶持政策，包含资金支持、税收优惠以及创业培训等，极大地激发了创业者的创业热情。

1. 财税政策

（1）直接资助类

一次性创业资助——对留学人员、在校及毕业高校大学生、登记失业人员、就业困难人员成功创业的，直接给予一次性5000元的创业资助。

创业带动就业补贴——初创企业吸纳就业并按规定缴纳社会保险费的，按其吸纳就业（签订1年以上期限劳动合同）人数（法定代表人或主要负责人除外）给予创业带动就业补贴。招用3人（含3人）以下的按每人2000元给予补贴，招用3人以上的每增加1人给予3000元补贴，总额最高不超过3万元。

优秀创业项目补贴——对引进的高层次创业团队给予150万元至1000万元的创业启动资金资助，3年内免收100平方米至500平方米的租金，最高500万元的股权投资，贷款额度不超过500万元的1年贴息补贴优惠政策。创新团队在市里实施的创新项目可申请100万元至1000万元的创新项目产业化配套资金扶持，对能够入选省"珠江人才计划"的创新创业团队，按省扶持资金的50%予以配套资助，对于创新领军人才，可享受最高50万元的科研经费补贴和最高50万元的安家补贴。

创客菁英帮扶——创客菁英可享受3个月创业工位租金补贴和1年人才公寓住宿床位租金补贴，减免涉企规费，一次性5万元的业绩奖励补助，申请延长不超过2个免租期的创业工位，创业失败的创客菁英免费入住人才公寓床位1年，对于大专学历的创业者还可享受1000元专升本学历进修优惠。

（2）房租补贴类

对普通高等学校、职业学校、技工院校学生（在校及毕业5年内）和出国（境）留学回国人员（领取毕业证5年内）、军转干部、复退军人以及登记失业人员、就业困难人员租用经营场地（含社会资本投资的孵化基地）创办初创企业并担任法定代表人或主要负责人的。申请人在领取营业执照（或办理其他法定登记注册手续）起3年内，可按年度申请租金补贴。租金补贴每年最高4000元，补贴期限累计不超过3年。

对入驻创业孵化基地（创业园区）的创业团队，按照逐年不低于80%、50%、20%的比例减免租金，最长可达3年，凭经营场地租赁合同每年最高申请4000元。

（3）税费社保类

对初创企业不仅免征收相关行政事业性收费和服务费，并且享有不高于物价主管部门核定标准的50%收取专业服务费。对于不同的经营体，政府从各方面给予补贴，经认定的从事个体经营的人员还可以享受3年的自主创业税收优惠政策，每年以9600元的限额扣减当年营业税、城市维护建设税、教育费附加及个人所得税等。其中加工型企业和具有加工性质的小型企业实体，招用登记失业1年以上人员且缴纳社会保险费的，在3年内按每人每年额标准为5200元依次扣减营业税、城市维护建设税和企业所得税等。

2. 金融政策

对于自主创业资金不足的还有个人最高20万元小额担保贷款，合伙经营的实行贷款总额度不超过200万元的"捆绑性"贷款，并按照贷款基准利率最高上浮3个百分点给予贴息。其中，劳动密集型和科技型小微企业贷款最高可达300万元，按照贷款基准利率的50%给予贴息。同时，对于就业较为困难的复退军人，其创办的初创企业还享有10万元人民币以内创业贷款的政府贴息。

为了更好地支持创客菁英在肇庆创业，市政府设立1000万元天使投资基金和1000万元创业贷款风险补偿基金，每年安排贴息总额200万元对其前2年贷款额度的3%给予贴息，每年最高贴息3万元。

3. 孵化育成政策

政府为了加快创业孵化基地建设，孵化基地按实际孵化成功（注册登记并搬离基地）户数每户不超过3000元标准给予创业孵化补贴。对达到市级创业带动就业孵化基地建设标准的，市里每个给予10万元的一次性奖补。对于运营良好的孵化载体，市科技局根据现场核准，取得国家级孵化器认定的给予100万元资助；对被认定为国家级"苗圃—孵化器—加速器"科技创业孵化链条建设示范单位的给予100万元资助；对被认定为省级孵化育成体系载体（或国家级培育单位）单位的给予50万元资助；对被认定为市级科技企业孵化器等孵化育成载体的单位给予一次性30万元财政资助。

4. 人才政策

2016年，肇庆市政府全面推出了"1+10+N"系列"西江人才计划"政策，该政策围绕肇庆发展需要的人才，从人才发展所需要的平台、住房、资金、服务等出发，制定了一系列奖励制度：对引进的创新创业人才和团队给予创业启动资金扶持、房租减免优惠、股权投资、贷款贴息以及上级政府配套等一揽子资助；对引进的西江紧缺人才、拔尖人才予以现金奖励；对肇庆市评定的高层次人才提供住房福利、津贴补贴，同时提供创新创业、金融服务、教育培训等16项优惠政策。

2018年肇庆市政府为了深入实施"西江人才计划"，成功举办了2018年亚太区可持续发展论坛暨首届肇庆人才节，邀请了两院院士、高层次人才等各类人才参加活动。

5. 创业培训及其他政策

政府积极推进组织创业指导培训活动。肇庆市政府主导"创业培训大讲堂"系列特色品牌活动，从2017年11月起，每月固定举办一期，普及至县区，形式创新多样，如创业名师讲堂、成功人物专场等。围绕时下热门的"互联网+"、电商创业、乡村振兴等创业方向，激活民众创业思维，激发创业热情。

肇庆市人社局大力优化创业就业服务，营造"双创"氛围，举办了首届创业就业服务展示交流活动，集中展示近年来的创新创业成果；组建创业就业服务管理中心和创业就业服务专窗，改进创业就业服务供给；走进各高校宣传创业环境和创业就业政策，在政府部门与服务机构、普通大众与创业专家、创业者与创业服务者之间搭建了深度交流、直接对话的平台。

肇庆市妇联开展的"创业创新巾帼行动"旨在引导广大女性创业就业、创新转型发展，带动更多女性顺应"互联网+"就业创业模式，投身肇庆经济建设和粤港澳大湾区建设。

十、香港

香港是全球最自由的经济体之一，也是全球服务业主导程度最高的经济体。通过包括金融服务、旅游、贸易及物流专业及工商业支援服务在内的四个传统主要行业，带动其他行业的发展，创造就业，是香港经济动力的所在。作为国际金融中心，香港有着优越的科技创新环境和完善的国际技术设备资源。然而，与一河之隔的深圳相比，香港创新科技产业的发展效果并不尽如人意。2015年11月，香港正式成立创新及科技局，设立创新及科技基金，以香港科技园公司和香港数码港管理有限公司为载体，统筹推动香港创新科技和信息科技的发展。2018年初，香港政府新增500亿港币预算，从人才培养及引进、初创公司培养孵化、科技企业投资基金、科技券等培养方面着手，支持科技创新发展。

1. 财税政策

（1）直接资助

大学科技初创企业资助计划——向六所本地大学提供每所每年上限为港币400万元的资助，以支援由大学团队成立的科技初创企业，将其研发成果商品化。2018年10月，特首林郑月娥发表的《施政报告》提及将提高大学科技初创企业资助计划（TSSSU），当前香港科创局通过该计划，向香港本地六所大学的教授、学生或校友团队成立的初创企业提供最多可持续三年、每年最高达120万元的"启动"资助。

数码港·大学合作伙伴计划——获合作伙伴大学提名的学生可参加海外知名大学举办的创业营，并获业界专才指导。每支优胜队伍会获得港币10万元现金，用以将创新意念开发成原型产品。

数码港培育计划——为科技初创企业提供全面的财政、技术及业务咨询支援，帮助企业将创新想法转化为实质业务或商品。有关培育企业在24个月的培育期内，可获提供最多港币50万元的财政资助。培育企业可以是驻场（免费租用数码港提供的办公室）或非驻场公司。

数码港加速器支援计划——提供最多港币30万元的财政资助，以助数码港培育企业或已完成培育的企业参与获数码港认可的本地、内地及海外加速器计划。

数码港海外及内地市场推广支援计划——为每家符合资格的初创企业提供最高港币20万元的财政资助，以进行市场研究和推广、参加境外商贸考察团和展销及展览会等活动，协助初创企业开拓市场和吸引投资者。

科技券——科技券于2016年11月以先导形式推出，旨在资助本地中小型企业使用科技服务和方案，以提高生产力或升级转型（自2019年2月27日起，科技券的资助上限从20万元增加至40万元）。

（2）税收社保

低税率：相比中国内地城市，香港的企业及个人客户享有简单透明的低税负。香港税务只设三项直接税。

①个人薪俸税最高税率为17%。

②物业税率定为17%。

③企业利得税引入两级制，第一级即企业首200万元利润，利得税率由现时的16.5%大减至8.25%，即原有税率一半。200万元利

润以上，则以第二级利得税计算，即维持在16.5%。独资或合伙业务的法团以外人士，两级的利得税税率相应为7.5%及15%。

免征税项：销售税/消费税/增值税、预扣税、资本增值税、股息税、遗产税。

2. 金融政策

香港科学园创业投资伙伴计划——港币20亿元的创科创投基金以配对形式与创业资本基金共同投资于本地的创科初创企业，协助园内具备接受投资条件的科技企业与著名的创业资金公司及企业投资者建立联系。

数码港投资创业基金——港币2亿元的数码港投资创业基金投资于其培育的资讯及通讯科技初创企业，协助他们吸引更多其他私人及公众投资者投入资金。

小型企业研究资助计划（SERAP）——旨在为员工人数少于100人的小规模技术型企业提供资助，在两年内助其进行商业性研究项目。获批资助项目将按1∶1的等额出资方式得到一笔最多为600万港元的免息贷款。获资助的项目产生的知识产权，将由获款公司拥有。

3. 孵化育成政策

香港科技园公司科技创业培育计划——协助科技初创企业发展业务，为企业提供科学园内租金优惠的工作空间及共用设施、津贴资助、技术与管理支援、市场推广与发展支援及业务发展支援。创业培育计划共有三项，包括为科技初创企业而设的科技创业培育计划、为生物医学科技初创企业而设的生物科技创业培育计划，以及为从事网络及智能手机应用的初创企业而设的网动科技创业培育计划。

企业飞跃计划——适用于现时参与科技园公司创业培育计划的公司、科学园现有伙伴企业及已完成科技园公司创业培育计划的毕业公司。计划提供市场推广支援、业务拓展、企业发展，以及其他重要领域的支援，以进一步协助这些公司扩展业务。

科技企业家伙伴合作计划——科技园公司与超过30家机构合作，以扩大其全面的支援及服务，例如融资服务、软着陆中心、实验室设施、专业培训及研讨会等。有关伙伴机构包括本地大学、企业促进公司、共用工作间经营者及初创企业社群内的主要初创企业。

4. 人才政策

博士专才库——对经认定且从事研发及创新的机构／公司、科技园公司或数码港的培育公司以及符合条件的初创企业，提供每月最高港币64000元津贴额，用于从博士专才库中聘用最多两名博士后专才，协助进行研发项目。

研究员计划——提供最多港币18000元（学士学位毕业生）或港币21000元（硕士学位毕业生）的每月津贴，以供在同一时间聘请最多两名实习研究员，为期不超过36个月。此计划涵盖进行创新及科技基金资助研发项目的机构、科技园公司及数码港的培育公司和从事创科工作的租户，以及获创科创投基金共同投资的初创企业。

数码港数码科技实习计划——数码港举办一系列实习计划，让青年人汲取在资讯及通讯科技业工作的实际经验。修读资讯及通讯科技的学生可于香港、内地及硅谷的资讯及通讯科技企业工作，为期6至12个星期，数码港会为参加中国内地或海外实习的实习生提供交通及住宿津贴。

科技人才入境计划——对香港科技园公司、香港数码港管理有限公司的租户以及培育公司，提供快速处理的方式，帮助海外和内地科技人才来港从事生物科技、人工智能、网络安全、机器人技术、数据分析、金融科技及材料科学等相关领域的科技研发工作。

科技专才培育计划——创新及科技局在"创新及科技基金"预留5亿元，以先导形式自2018年8月开展为期五年的"科技专才培育计划"，以培育及汇聚更多科技人才。

5. 创业培训及其他政策

中学资讯科技增润计划——自2015/2016学年起，在中学举办资讯科技增润班和资讯科技增润活动，发掘和培育资讯科技人才。

再工业化及科技培训计划——以2∶1的配套形式资助本地企业人员接受高端科技培训，尤其是与"工业4.0"有关的培训，每间公司每一个财政年度的资助上限为港币50万元。

文化和氛围营造——香港特区政府积极举办各种科创活动，为创业者打造高效交流平台，营造创业氛围。如政府举办的创新科技月、创新科技嘉年华、互联网经济峰会、创业节、小型工作坊及创业比赛等等。同时，民间机构也积极推动全社会创新创业：香港上市公司尚乘国际联合粤港澳大湾区产融投资公司以及柔宇科技、科大讯飞、日日煮、GoGoVan等大湾区内的新经济企业成立"湾区青年创业家协会"，并在瑞士达沃斯经济论坛期间举行了"湾区青年创业家日"；团结香港基金会开办创科博览会；红杉资本联合来自香港的教授们共同成立香港X科技创业平台；阿里巴巴集团启动了10亿港元的香港创业者基金等等。这一系列活动和措施将推动香港整个社会的科创浪潮，鼓励更多香港青年加入到创新创业中来。

十一、澳门

澳门是中国人均GDP最高的城市，地小人少，有着独特的地理位置。澳门发展定位为"世界旅游休闲中心""中国与葡语国家商贸合作服务平台"。如今，澳门形成了以博彩旅游为核心，出口加工业、运输及通讯业和建筑房地产业等协同发展的产业体系。博彩旅游业一直是澳门的第一大支柱产业。据统计，博彩税的收益占澳门财政收入的比重从2009年的七成多增长到2018年的八成多。由于博彩旅游业受外部影响较大，一旦遇到经济危机，消费和旅游不振，一枝独秀的澳门经济就会变得脆弱。为此，近年来澳门特区政府先后推出了一系列扶持青年创新创业的措施，支持中小微企业的发展，培育非博彩业的第三产业，鼓励发展科技、教育、文化创意、金融等产业，用现代科技手段把博彩、旅游与出口加工结合起来，构筑全方位、有特色的博彩文化产业体系。

1. 财税政策

（1）直接资助类

中葡青年创业创新培育计划——学员往来澳门与葡萄牙之间的交通费开支补贴，澳门币5000元/人；工作期间，每天给予澳门币300元的生活及住宿费补助。

中小企业网站资助计划——中小企业构建、维护及优化用于其业务用途的企业网站，资助比例为企业实际费用的70%，资助上限分别不超过澳门币14000元、6000元、5000元。

（2）税收社保类

①营业税的豁免；②所得补充税削减50%；③资产移转印花税减免50%（该等不动产需专用于有关工业活动的经营，包括商业、行政及社会服务的设立）；④资产转移的赠与税减免50%；⑤当重组计划旨在将一个或多个工业场所的拥有权转移给仅一个法律实体，资产转移印花税全部豁免；⑥市区房屋税的豁免，豁免其在澳门市不超过10年，在离岛市不超过20年的房屋税。此豁免只限专租作工作用途的不动产收益。

2. 金融政策

青年创业援助计划——为澳门创业青年提供免息援助贷款，援助金额上限为澳门币30万元，最长还款期8年。

中小企业援助计划——为中小企业提供免息援助贷款，援助金额上限为澳门币60万元，援助款项最长可分8年摊还；对已全部偿还援助款项的合资格企业，特区政府提供二次援助的机会。

中小企业信用保证计划——为符合条件企业提供信用保证，贷款最高额度澳门币700万元，信用保证金额最高为澳门币490万元（70%）。资金限用于企业革新及转型；推广与宣传所经营的品牌；改善产品质量；开展新业务；缓解因受异常、未能预测且属不可抗力的情况尤其是自然灾害及疫症影响的短期资金周转困难。

中小企业专项信用保证计划——为符合条件企业提供信用保证，贷款最高额度澳门币100万元，信用保证金额最高为澳门币100万元（100%）。

企业融资贷款利息补贴——受惠企业可享受每年4%的利息补贴，补贴期限最长为4年，从开始偿还贷款之日起开始，补贴根据各期尚欠的本金计算。若贷款利率不足4%，按实际贷款利率补贴。每一受益人每年可获补贴的贷款金额最高为澳门币1000万元。

3. 孵化育成政策

澳门特区政府引入国家创新创业的红利政策，融入国家科技创新体系，包括建设"广州—深圳—香港—澳门"科技创新走廊，推动澳门青年的创新创业事业。澳门青年创业孵化中心于2018年10月揭牌成为"国家备案众创空间"，进一步拓展澳门创新创业的发展空间。

4. 人才政策

自澳门特别行政区政府成立以来，澳门社会发展迅速，对人才的渴求日渐突出，为了顺利地推进"一中心、一平台"的建设，配合社会发展的需求，特区政府于2014年初设立"人才发展委员会"，负责特区人才发展的战略部署，加强人才培养和储备。

澳门人才发展委员会在2017年新发布的《澳门中长期人才培养计划——五年行动方案》即"澳门人才培养行动方案"中，通过16项人才培养措施和11项人才回流措施，落实推进"精英培养计划""专才激励计划"和"应用人才促进计划"；建设鼓励人才留澳和回澳的机制；推动协调与人才培养相关的本地、区域及国际合作等各项重要工作，为澳门的创新创业发展提供人力资源支持。

5. 创业培训及其他政策

澳门特区政府与专业机构团体和高校加强合作，搭建多个创业咨询服务与经验分享平台，如"青年创业师友计划""青年创业创新培育计划"等项目，为澳门创业青年提供创业培训课程咨询、创业顾问辅导服务，培育澳门青年多元学习能力和创业技巧。

澳门科技大学成立了就业创业中心，为学生提供就业指导和培训。同时，学校还鼓励在校学生积极参加全国性和区域性的创业大赛，鼓励青年教师带领学生进行双创，对好的项目提供种子基金进行产业转化。

第四节　各城市政策对比与改进建议

一、政策对比

通过整理分析粤港澳大湾区城市当前实施的创业扶持政策，可以发现政策体现出以下几方面特点。

首先，总体上说，香港近年来大力发展创新科技、创意产业等新兴产业，创业政策主要面向于创新科技产业；澳门在博彩业占主导的产业环境下，其创业政策稍显单薄；大湾区内地九市的创业扶持政策设计总体上与国家政策指引一脉相承，尤其在创业带动就业系列政策方面，体现了对上级政府工作指导意见的积极响应和落实，但也存在政策趋同、特色不突出的现象。

其次，大湾区城市都意识到了人才在推动创新创业中的重要作用，并结合城市产业政策，制定了极具吸引力的人才、团队引进计划，以及配套激励补贴制度。

第三，相较于其他城市，广州、深圳和香港在风险投资体系方面的政策体系更为完善，具备更好的投融资激励和服务政策，也更注重创业氛围的整体营造。

二、政策建议

在国家战略的引领下，粤港澳大湾区的融合发展，为各市的发展带来了重大机遇。大湾区各城市政府及创业者应拥抱粤港澳大湾区的机遇，积极参与大湾区交流建设，与大湾区的合作伙伴互通有无，共同发展。根据现有政策分析，我们对各城市在创业政策制定和实施上提供以下参考意见。

1. 注重创业教育

各地政府应科学设置创业教育课程并在高校普及，以激发学生的创业热情。可借鉴香港中文大学"教学、实践、研究"三位一体的创业教育模式，开启"创业思维"的创业教育。以"创业思维"为导向设计教育课程内容，培育学生创新创业精神，为学生搭建孵化平台和创业竞赛平台，培育实践学生的"创业思维"，以真实创业案例为创业教育研究素材，培养学生企业家精神。

2. 重视政策的切合性

在政策内容制定上，结合湾区城市发展定位，围绕各城市产业发展需求，在上级政府政策大纲基础上，因地制宜、量身制订符合区域内的创业激励政策。同时梳理现有补贴项目，在保持政策连续性、稳定性的基础上，归并简化补贴项目、补贴方式，提高资金使用效益。

3. 加大政策宣传力度

确保初创型小微企业"应享尽知"。对于普惠性质的政策性质，政府甚至可以考虑借助现代信息技术手段，根据企业年度统计数据自动匹配发放或者减免。

4. 注重创新创业环境综合发展建设，致力为企业打造良好的创业环境

政府应进一步完善公共服务体系，为社会创新创业提供高质量的服务和产品，致力于降低企业创业成本。

5. 从大湾区整体出发

湾区城市之间应该研究协同制定创业激励政策的可行性，实现区域间资源、资本、技术、信息和人才的自由流动，促进区域经济协同发展。

第三章
粤港澳大湾区海归青年创业报告

第一节　海归青年概况

一、我国留学教育基本情况

改革开放以来，我国留学教育迈入了一个崭新的发展时期。这一时期我国的留学教育分为两个阶段：第一阶段为1978~1991年，在改革开放的背景下，以邓小平《关于扩大派遣出国留学人员的讲话》为指导方针，我国留学教育发展进入新时期，开始了全新的探索；第二阶段为1992年至今，1992年国家制定了"支持留学，鼓励回国，来去自由"的留学方针，适应了改革开放和建立社会主义市场经济体制的需要，使留学工作迈入快速发展轨道。时至今日，出国留学已经被赋予了更多意义，留学的意义不再局限于出国深造，根据全球化智库（CCG）联合智联招聘发布《2018年中国海归就业创业调查报告》显示，76%的留学生认为"体验他国文化、生活，丰富个人阅历"是出国留学的主要原因。

我们将从留学规模、留学结构和留学目的地三个角度分析我国学生出国留学的基本情况。

1. 出国留学人员数量规模持续增长，但增速减缓

教育部公开数据显示，自2005年以来，我国留学群体规模始终保持递增趋势，但整体增速有所放缓，增幅回落至个位数。近五年来，除2014、2015年外，其余年份出国留学人员同比增长均低于10%，其中2018年留学人员总数达66.21万人，同比增长8.83%；若仍以该增速预估，2019年我国出国留学人数规模将突破70万人。

图3-1 中国出国留学人员总数及其同比增长（2005-2018）

2. 自费留学人数比例高，留学教育日益市场化

自费留学已经构成出国留学的绝对主力军。教育部公开数

据计算，2018年公派留学生数量为3.02万人，单位公派3.56万人，自费留学59.63万人，自费人员占比90.1%。此外，近十年内我国自费出国人员始终占出国留学总人数的90%左右，由此可见我国出国留学具有极高的市场化程度。

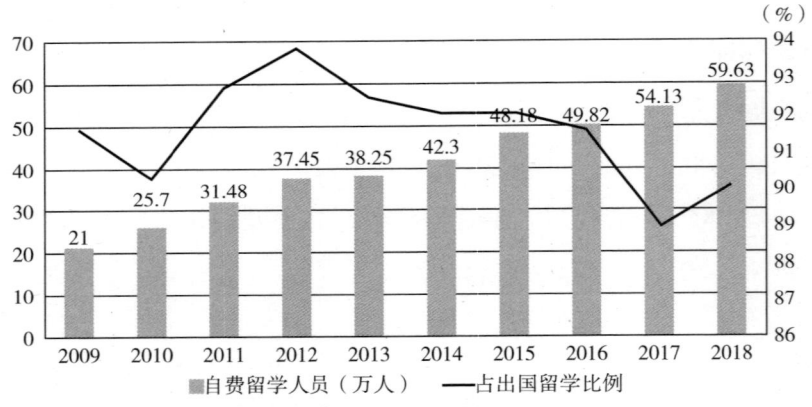

图3-2　中国自费留学人数及其比例（2009-2018）

3. 中国学生出国留学目的地多元化，主要选择英语国家及东亚

据美国国际教育研究所（IIE）发布的报告显示，在全球高等教育领域中，前八大主要留学目的国为美国、英国、中国、法国、澳大利亚、俄罗斯、加拿大及德国，这八个国家接收了全世界81%的国际学生。综合各国政府移民及教育部门发布的官方统计数字显示，中国留学生人数在除中国、法国、俄罗斯以外的其余五大留学目的国均位居第一。此外，中国留学生数

量在主要留学目的国日本和新西兰也位居第一。可见，中国已经逐步成为全球第一大国际生源国。

二、新一轮"海归潮"已拉开序幕

留学政策从1978年实施到今天40多年里，经历了从第一批留学精英"留而不归"到现在"海归潮"的转变历程。自1978年起，我国留学生回国服务规模不断扩大，人才与国家战略、行业需求契合度不断提升，发展态势持续向好。教育部数据显示，2018年我国留学回国人员总数达51.94万人，同比增长8%，其中，国家公派2.53万人，单位公派2.65万人，自费留学46.76万人；从1978年到2018年底，各类出国留学人员累计达585.71万人，其中153.39万人正在国外进行相关阶段的学习和研究，432.32万人已完成学业，完成学业的留学生中累计365.14万人选择回国发展，且占比达到了84.5%，而根据早前的教育部统计数据，在1978年到2006年期间，仅有30%的海外留学生毕业后回国工作。由此可见我国的出国留学市场已形成了良好的人才环流现象。

图3-3 留学人员回国服务规模总数及其同比增长（2005—2018）

"海归潮"的出现，预示着我国正处于"留学赤字"减少并趋向消灭的历史拐点。这一拐点的出现与当前国内外环境的变化紧密相关。

第一，从国际环境看，随着全球经济政治格局的深刻变化，加之我国经济持续增长，各项制度的完善和国内创新创业环境优化，为我国吸引海外科技人才带来了巨大的机遇。

第二，从国内发展看，我国正处在经济结构转型的关键时期，但在关键核心技术的创新能力方面与国际先进水平相比仍存在较大差距。"海归"具有相对较好的技术背景和丰富的海内外技术圈层，在解决技术来源、攻克技术难题、网罗技术人才、打入海外市场、吸纳海外资本等方面有着天然优势，有利于推动我国产业结构转型升级。为贯彻落实习近平总书记"支持留学、鼓励回国、来去自由、发挥作用"的留学工作方针，各级人社部门充分发挥人才工作综合管理职能作用,不断改革创新、完善政策、加强服务,吸引着各类人才加速回流,为形成"海归潮"注入了强劲动力。

三、海归青年的重大价值

改革开放40多年,300多万"海归"已遍布各行各业,成为经济社会发展的一支生力军。从两院院士到各领域专家,从国际组织负责人到国企总裁再到外企"掌门",新时代的海归精英是中国与世界全方位接轨的天然纽带与桥梁,正成为领航中国的重要力量。

1. "海归"是我国科教兴国的中坚力量

科教领域是留学归国人员的传统发展领域。留学人员拥有先进的专业技术优势,在推动科教兴国事业中发挥着中坚力量。他们积极推动科教领域的体制机制改革,培养科技创新人才,投身重大科研项目,填补国内相关领域的空白,大大缩短了我国与世界的科研水平差距。

海归群体在国家科技战略的确定与有效执行上具有重要地位,据统计,科技部"973"计划和"863"计划的首席科学家、课题组长,绝大多数都是改革开放以后的留学归国人员。其中,中国科学院81%的院士有留学经历;在中国科学院生命科学与医学部新当选院士中,海归比例超过83%;中国工程院环境与轻纺工程学部新当选院士中,海归比例达67%;而中国科学院化学部新当选院士中,海归比例已达到100%。此外,在2017年度国家自然科学奖获奖人员中,海归占比超过60%,其中第一完成人中,海归占比超过80%。海归精英们搭建起不同于国内传统体制的新型科研平台,推动中国基础科研水平大幅度提升,为实现领先世界的科研突破作出重大贡献。

此外,改革开放以来,大批留学归国人员进入高校,他们中产生了一批中国高校的学科带头人和学术骨干力量,据2018年教育部直属70多所高校统计数据显示,高校校长中海归占比达63%。他们为中国高校注入了新鲜血液,带来了世界最前沿的学科与知识、先进的教育理念与治学方法,很好地提升了中国在国际学术界的地位。根据全球化智库(CCG)2015～2017年连续三年发布的"中国留学人员50人"榜单显示,大约40%的海归精英在教育领域做出了突出贡献。例如,南方科技大学校长陈十一、中国第一所民办研究型大学西湖大学校长施一公,他们不断探索高等教育机制创新之路,成为教育领域的改革者。

2. "海归"是国际组织中的重要话语力量

我国作为世界第二大经济体,需要抓住机遇加入新一轮全球竞争，积极参与制订新的国际规则，内外联动推进中国的改革开放，维持已经取得的贸易优势，提升资本优势，建立人才优势，在全球治理中占据主动，推动全球化进程。

海归群体通过在国际组织中担任要职，有效提升了中国话语权，在全球治理中发挥着重要作用。例如，朱民在担任国际货币基金组织（IMF）全球副总裁期间对推动人民币纳入国际货币基金组织特别提款权（SDR）发挥了积极作用。近年来，海归群体在国际组织中担任要职的案例越来越多，比如国际货币基金组织副总裁张涛、国际电信联盟（ITU）秘书长赵厚麟、国际工业微生物遗传学国际委员会主席邓子新、国际民航组织秘书长柳芳等。

3. "海归"是我国创业浪潮中的生力军

在"大众创业、万众创新"的时代背景下，海归群体凭借国际化视野和冒险精神，在国内"双创"领域扮演着独特而重要的角色，开创与引领着中国高科技创业潮。在科技部发布的《2017年中国独角兽企业发展报告》中，2017年入选榜单的中国独角兽企业共有164家，其中，由海归创办或管理的企业占比超过60%，这些独角兽企业开创与引领着电子商务、互联网金融、大健康、文化娱乐、物流、交通出行等行业的新模式与新技术，塑造着新的创业文化。

此外，根据CCG发布的《中国留学发展报告（2016）》，被调查的人员中超过10%选择了创业,远高于同期国内大学生毕业创业比例的3%。"海归"组团回国创新创业,将国际化视野、国际化经验、国际化技术、国际化管理模式等带回国内,在创业过程中不断从国外引进所需的留学人才,促进海外人才加速回归的同时,依托部分成员在国内创办企业、部分成员在国外开展研发工作的模式,既可以跟上国际科技发展的最新进展,有利于开展国际合作,又可以有效利用国内市场、资金和劳动力的优势。

四、新时代海归青年画像描述

1. 海归青年性别分布

基于深圳市海外留学归国人员协会"我是海归"APP数据,通过比对2013~2018年海归青年男女性别占比(图3-4),我们发现性别比例趋于失衡状态,自2013年的基本持平,逐渐转变为女性海归人数显著多于男性海归,其中女性占比60%,男性占比40%。

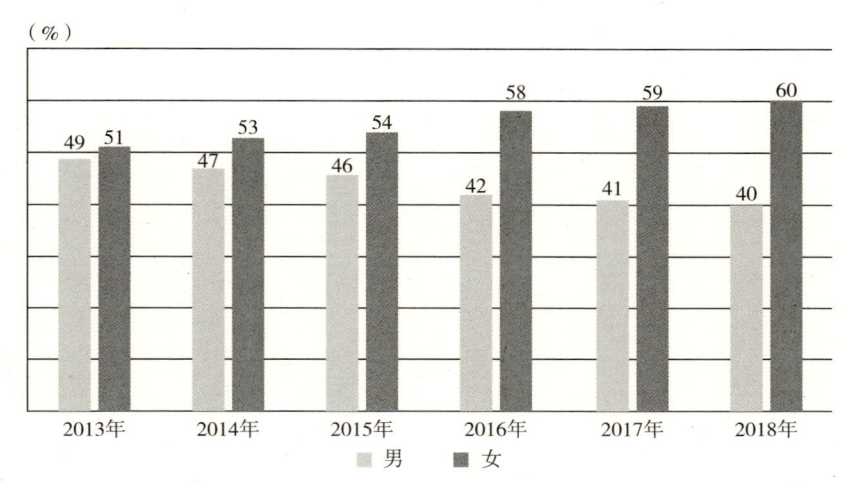

图3-4 海归青年性别分布（2013—2018）

数据柱状图：
- 2013年：男49，女51
- 2014年：男47，女53
- 2015年：男46，女54
- 2016年：男42，女58
- 2017年：男41，女59
- 2018年：男40，女60

2. 海归青年年龄分布

从年龄结构看，80后、90后是构成海归青年群体的主要生力军，且近两年海归青年存在明显的向低龄化群体延伸的趋势。具体来讲，第一，自2014年起，伴随90后逐步过渡到就业阶段，90后成为最大的海归群体，且占比不断上升，截至2018年，90后海归青年占全体海归的80%；第二，如图3-5显示，海归90后群体占比已至拐点，预计2019年后，年龄结构将逐渐向00后、10后等更为年轻的群体过渡。

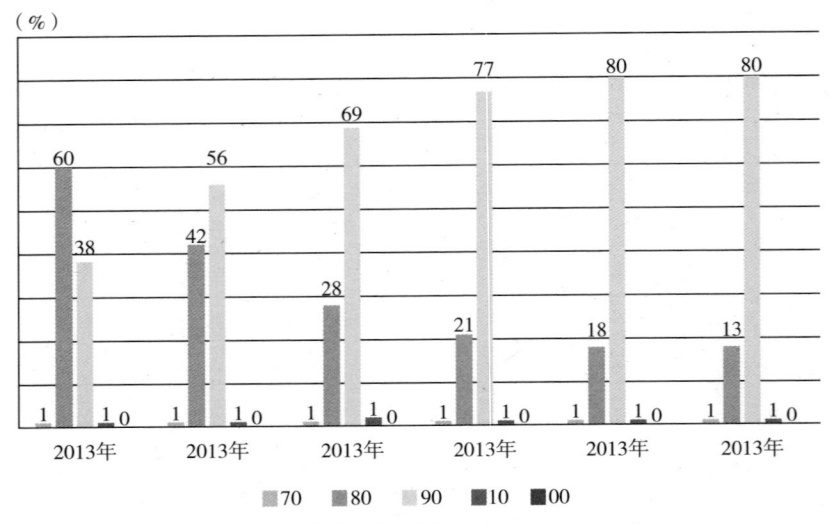

图3-5 海归青年年龄分布（2013-2018）

3. 海归青年家乡地域分布

根据"我是海归"APP的实际填报信息，排名前10的海归青年家乡包括深圳、北京、上海、广州、重庆、杭州等城市，也包括湖南、湖北、山东等省份。

4. 海归青年留学背景分析

（1）留学国家

从留学国家和地区看，英国、美国、澳大利亚、香港特区和加拿大成为中国海归青年主要的五大留学目的地，2018年分别占比27%、26%、18%、8%和7%。而英国留学权威机构Study

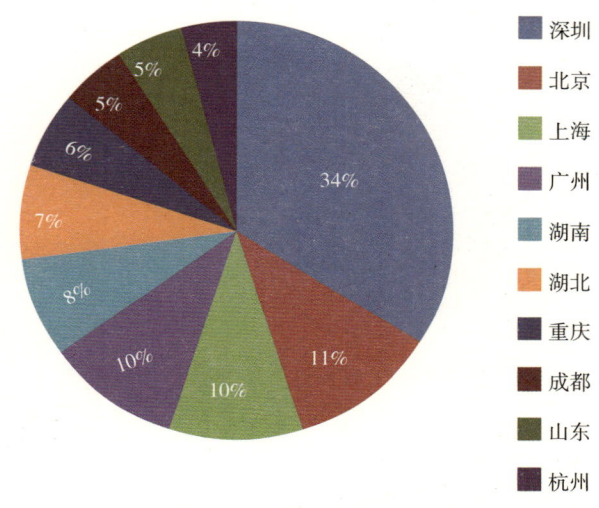

图3-6 排名前十的海归青年家乡比例（2018年）

in UK网站2019年6月的数据显示，英国已经替代美国，成为中国留学生群体最大意向国。英国《卫报》数据显示，申请2019年秋季赴英国就读本科的中国学生人数达到2.1万，创下历史新高，较2018年增长23.5%。我们认为主要原因有二：一是自2018年6月11日起，美国国务院把在敏感研究领域学习的中国研究生的签证有效期限制为一年，极大限制了中国赴美留学；二是英国学校相对较短的学制（一年），同时学校在世界范围排名较高。留学目的地结构的变化导致留学英国的海归数量最终超过美国。

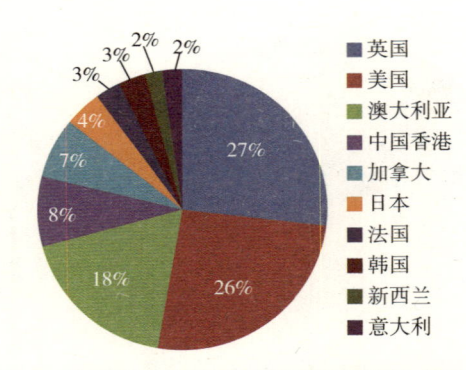

图3-7　海归青年留学前十的国家和地区（2018）

（2）留学院校

从留学院校看，我们按人数统计2018年海归青年排在前10的院校，包括有莫纳什大学、香港中文大学、悉尼大学、纽卡斯尔大学、新南威尔士大学、香港城市大学、考文垂大学等。其中分别有12%的海归青年毕业于莫纳什大学、香港中文大学、悉尼大学，排名第一，其次为纽卡斯尔大学。此外，排名前10的院校中，来自澳大利亚的院校为4所，来自中国香港的院校为3所。

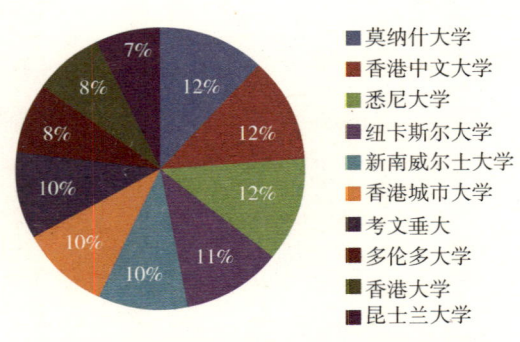

图3-8　海归青年留学前十的学校（2018）

（3）留学专业

从留学专业看，海归青年的专业背景呈现明显的极化现象，2018年排名前10的专业背景中经管类专业共计8个，占比86%，这一点同国内偏好金融行业存在紧密联系。进一步细分专业，前10的专业中33%的海归选择修读会计与金融或会计学，其次为营销学，占比11%。

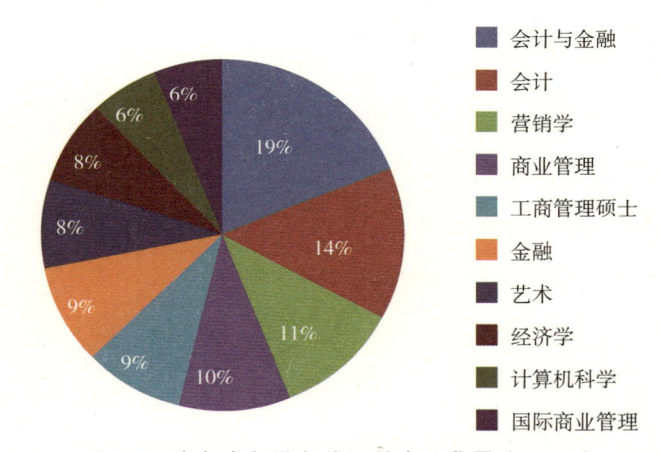

图3-9　海归青年排名前10的专业背景（2018）

（4）学历背景

从学历背景看，海归青年主要以硕士和学士为主，2018年硕士背景的海归占比63%，学士背景的海归占比31%，这一点主要原因同"留学镀金"的观念具有密不可分的关系，同国内研究生相比，国外研究生学制普遍较短，因此成为了众多青年出国求学的首要选择。

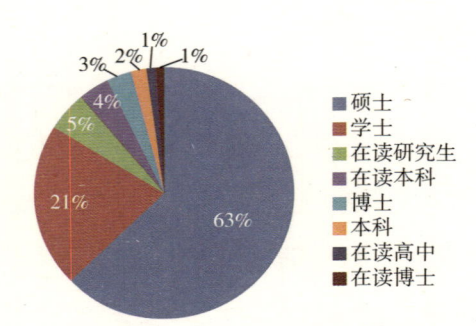

图3-10 海归青年的最高学历背景比例图（2018）

（5）海归青年归国主要城市分布

近年来，我国通过人才项目的形式，吸引了越来越多的国外高层次人才回国，根据深圳市海外留学归国人员协会"我是海归"APP数据显示，在海归青年中，有89%的海归依然选择落户北上广深，其中选择落户深圳的比例最高，达58%。市场化、国际化程度较高的深圳不仅为"人才回流"提供了充分的政策保障，同时其产业链向高端迈进也为海外的各类人才有力地提供了施展才华的舞台，因而在吸引海归人才上超过了北京、上海等城市。

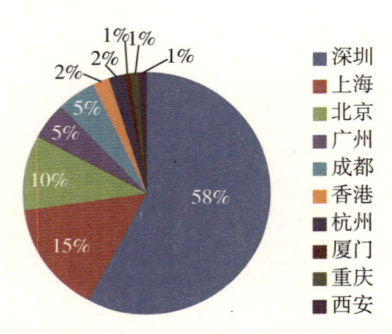

图3-11 海归青年归国后选择的前十位城市（2018）

（6）海归青年行业分布

海归青年毕业后的行业选择上有明显的倾向，排名前10的行业中，投资、股票、银行、保险等金融行业占比43%，其次为教育、IT、互联网、咨询、贸易等行业。金融行业收入高、发展前景好的行业特点决定了其对海归的强大吸引力。结合上文对海归专业背景的分析，两者形成紧密的传导关系，行业特点决定了行业选择，进而影响了专业的选择。其中，博士海归以教育、IT、投资等行业为主要选择，硕士海归则以投资、股票、互联网等金融、新兴产业为主要择业方向。

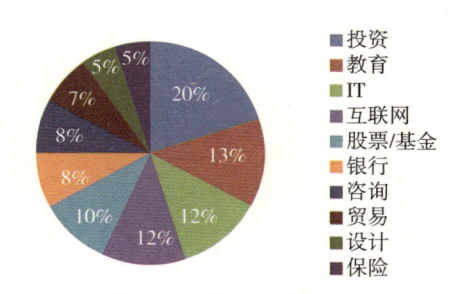

图3-12　排名前十的行业选择占比（2018）

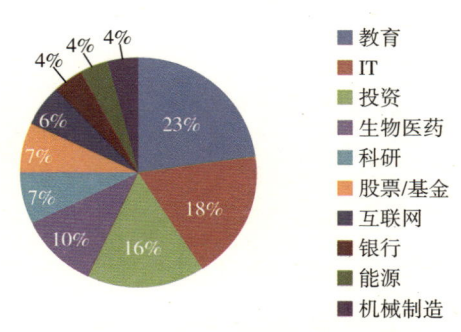

图3-12A　博士海归主要从业行业

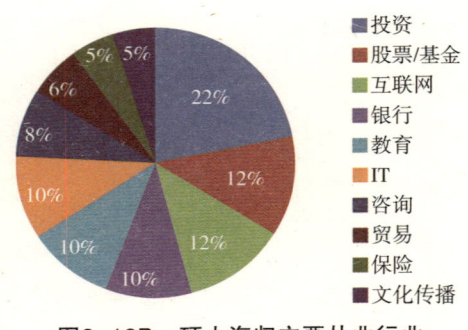

图3-12B 硕士海归主要从业行业

第二节 海归青年创业总体趋势

一、海归青年创业基本情况

伴随我国经济社会的快速发展,"人才磁铁"效应正在发挥积极的作用。如今出国与回国人数比例已从2006年的3.15∶1下降到2018年的1.27∶1,且呈现人才加速回流态势。预测未来5年,我国将从世界最大人才流出国转变为最主要的人才回流国,逐步成为国际人才竞争格局中的重要一极。自进入"新常态"以来,为进一步向我国经济注入鲜活的动力,国家始终号召"大众创业、万众创新",不断颁布各项创业激励政策,尤其是对于留学精英归国创业的扶持更是被放在了极其重要的位置。

从整体创业意愿看，海归青年经过国际化的培养，往往具备全球视野，以及极高的创新精神和能力，该群体表现出强烈的创业意愿。自2010年起，海归整体创业比例呈现上升趋势，2016年达到峰值，占比72%，远超过选择就业的人群。尽管2017、2018年海归创业比例有所回落，但依然是最为重要的创业力量。

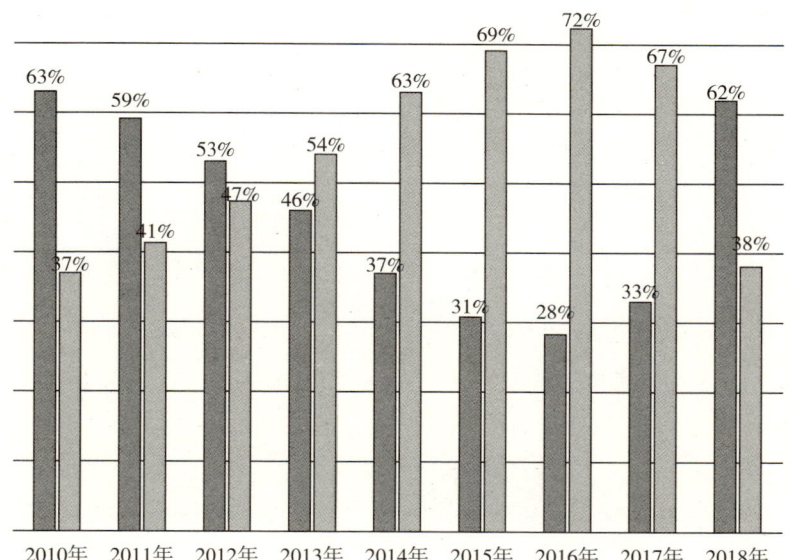

图3-13 海归创业和就业比例分布（2010-2019）

从留学目的地看，留学英、美、澳的海归青年的创业选择比例排名前三，其占比分别为30%、27%和11%。由此可见，留学欧美的海归表现出更为强烈的创业意愿。相比而言,留学日本、新加坡等亚洲地区的海归青年创业意愿较弱,比例仅在5%左右。

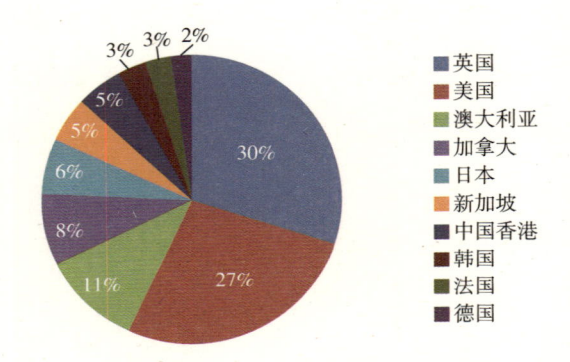

图3-14 不同留学地区选择创业比例分布(2018)

从留学院校看,2018年创业比例最高的10所学校中,有6所来自于英国,2所来自于澳大利亚。此外,留学于华威大学、南洋理工大学、伦敦帝国理工学院和悉尼大学的海归创业比例均超过10%,分别为16%、14%、10%和11%。

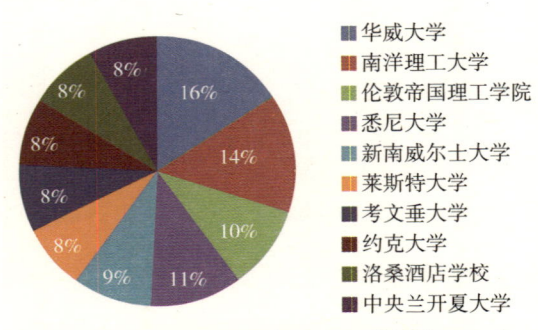

图3-15 创业比例最高的十所学校(2018)

二、新时代海归创业青年画像

1. 海归创业者性别分布

虽然女海归总体数量上多于男海归，但在选择创业的海归群体中，2018年男性略多于女性，占比59%，由此可见男性海归在归国后表现出更为强烈的自主创业意愿，而女性更愿意选择直接就业。

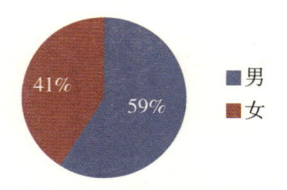

图3-16　海归创业青年性别分布（2018）

2. 海归创业者学历分布

从学历分布看，海归创业者中主要学历为学士和硕士，分别占比35%和56%，博士仅为3%，我们认为主要原因在于区别于国内的人才培养机制，国外的本科和硕士阶段表现为门槛低、时长短、成效高，如英国硕士仅为1年，但进入博士阶段后，针对留学生的门槛相对较高、时长较长，因此本科和硕士成为绝大部分留学生性价比最高的选择。

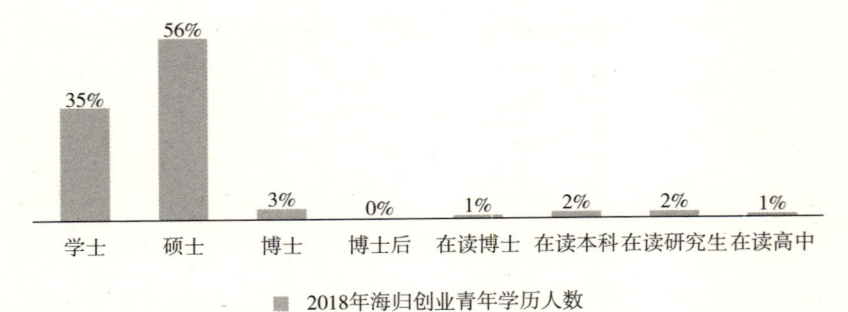

	学士	硕士	博士	博士后	在读博士	在读本科	在读研究生	在读高中
2018年海归创业青年学历人数	35%	56%	3%	0%	1%	2%	2%	1%

图3-17 海归创业青年最高学历分布（2018）

3. 海归创业者行业选择

（1）创业行业选择的基本情况

如图3-18所示，海归创业者更青睐互联网行业，占比22%。随着国内互联网的飞速发展，尤其是移动互联网的崛起，越来越多的互联网科技走入人们的日常生活。互联网在给人们生活带来便利的同时，也给年轻的海归创业者带来了更多的发展机会。泛互联网行业可发展的空间广阔，加之其线上与线下相结合的特点，也更适合于近几年的创业环境，因而深受资本市场的追捧。因此，越来越多的海归青年选择将互联网行业作为其创业的起点。

进一步按性别细分，我们发现男女海归创业者在创业行业的选择上展现出一定的差异性。第一，从行业的独有性看，只有女性海归创业者选择了艺术领域（音乐和设计），占比17%；只有男性海归创业者选择了IT行业，占比14%；第二，从行业分布比例看，排名前3的男性海归创业行业分别为互联网（21%）、投资（17%）和IT（14%），而女性海归排名前3的女性海归创业行业分别为教育（15%）、文化传播（15%）、互联网（11%）。综上所述，我们认为在行业偏好上，男性海归更为偏好理工型领域，女性则相对偏好文科型领域，而互联网、投资等复合型领域成为了男女海归创业者共同的选择。

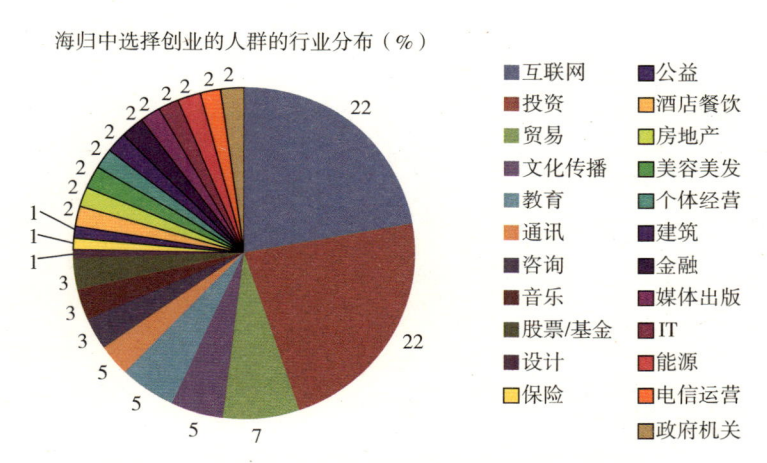

图3-18 海归中选择创业人群的行业分布（2018）

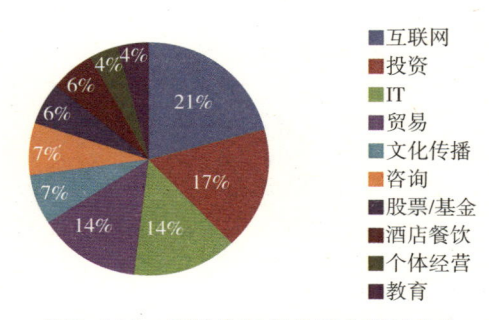

图3-19A 男性海归创业行业领域分布

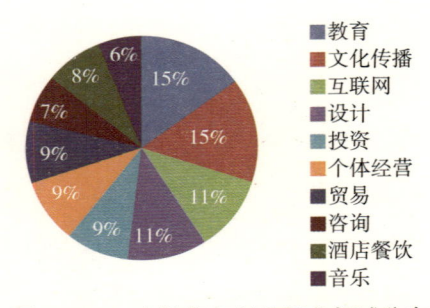

图3-19B 女性海归创业行业领域分布

（2）排名前三的行业中海归创业者对比

选取头部的前三个海归创业行业（投资、互联网和股票/基金），对其性别、留学国家和学历进行分析。我们发现：

在性别分布上，男性海归创业者更愿意选择该三个行业，且该三个创业行业的男女比例均接近3∶2。

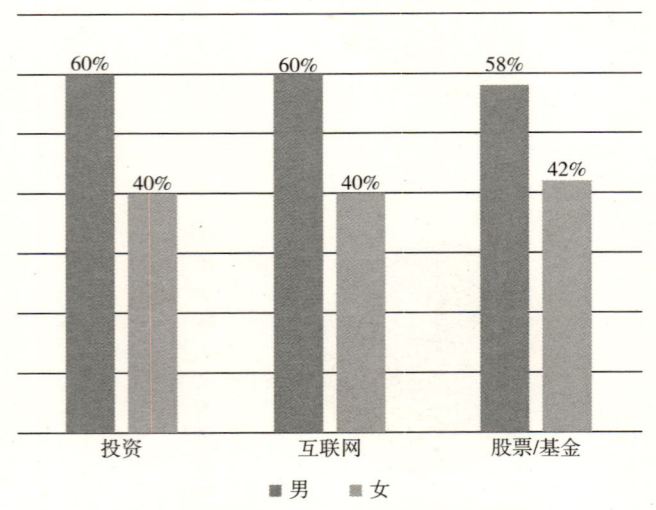

图3-20A 排名前三的行业中海归创业者性别分布

在留学国家分布上，美国、英国和澳大利亚为投资、互联网和股票/基金三个行业输送了最多的海归创业人才，分别占比31%、41%和15%。这一点也印证了前文关于留学该三国的海归表现出更为强烈的创业意愿的结论。

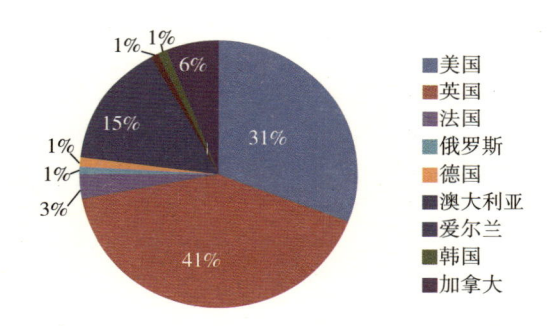

图3-20B　排名前三的行业中海归创业者留学国家分布

在学历分布上，该三个行业中70%的海归创业者学历为硕士，25%的海归创业者学历为学士，2%的海归创业者学历为博士，其余为在读本科和在读硕士。

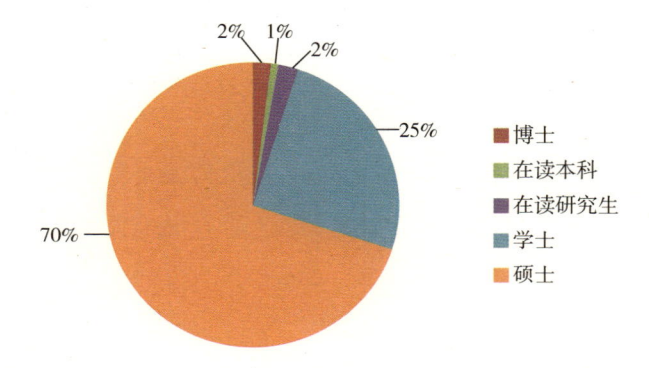

图3-20C　排名前三的行业中海归创业者学历分布

第三节　大湾区城市针对海归青年创业的政策

一直以来，北上广深都是留学人员输出的重要城市，也是海归人才回归的首选城市。据《2017海归创新创业调查报告》数据显示，海归选择回国城市的前四位为北京、上海、深圳、广州，占比分别为24.6%、13.7%、4.9%、4.6%，合计占比将近全国海归的一半。而根据全球化智库发布的《2017年中国海归就业创业调查报告》，海归创业选择的城市中位居前五位的分别是北京、上海、成都、广州、武汉，分别占比24.3%、8.1%、6.6%、5.9%、4.4%，这五座城市共吸引了近半数创业海归。

在吸引海归青年回流创新创业方面，各大城市纷纷出台针对留学人员的激励政策，通过建设平台、开展活动等方面加大支持，为留学人员回国创业创新提供便利。下面针对粤港澳湾区城市群，从人才政策和留创园建设两方面介绍大湾区城市针对海归青年的政策。

一、大湾区城市海归人才激励政策

在《湾区城市创业政策报告》中，我们简单罗列了湾区各城市的创业扶持政策，其中也包括了针对海归人员创业的各项激励政策。部分城市甚至出台针对海归的专项资金计划和人才计划，比如香港的科技人才入境计划、深圳市的孔雀计划和出国留学人员创业前期费用补贴、广州市的红棉计划等等，通过优越的奖补政策招揽创新创业海归高端人才。

1.香港科技人才入境计划

为配合创科业界在招揽人才方面的需要以便快速解决香港人才短缺的问题，2018年5月，香港特区政府创新及科技局推出为期三年的《科技人才入境计划》。该计划适用于在香港科技园和数码港从事生物科技、人工智能、网络安全、机器人技术、数据分析、金融科技和材料科学的租户和培育公司。《科技人才入境计划》首年配额最多为1000个，配额会以"先到先得"的方式进行分配，每个公司或者机构每年最多可获得100个配额。审批获得配额后，公司在招聘后，可直接向入境处申请工作签证和入境许可证，一般处理时间可缩短至两星期，极大地体现了新计划的便利性。

2. 深圳"孔雀计划"

为推动高新技术、金融、物流、文化等支柱产业，培育新能源、互联网、生物、新材料等战略性新兴重点产业，吸引一大批海外高层次创新创业人才和团队，2011年，中共深圳市委、深圳市人民政府发布了《关于实施引进海外高层次人才"孔雀计划"的意见》以及《深圳市海外高层次人才评审办法（试行）》。该评审办法将人才划分为A、B、C类三个等级，其中A类人才对应国家级领军人才，奖励补贴标准为300万元；B类人才对应地方级领军人才，奖励补贴标准为200万元；C类人才对应后备级人才，奖励补贴标准为160万元。奖励补贴按五年任期分次发放，每任期年度每人发放1次。官方数据显示，2017年，深圳市发放各类人才补贴54.5亿元，其中，"孔雀计划"经费8.56亿元；截至2018年3月31日，深圳累计确认"孔雀计划"人才3264人。

深圳还实行了出国留学原创前期费用补贴政策。为吸引和扶持留学人员来深创业，2001年深圳市政府出台《深圳市出国留学人员创业前期费用补贴资金管理办法》，对于符合申请条件的来深创业的留学人员采取无偿资助形式，将补贴费用一次性发放至各获资助企业在市政府确定的监管银行开立的监管账户。创业资助标准分为三个等级：一等资助100万元，二等资助50万元，三等资助30万元，特别优秀项目给予最高500万元资助。根据2018年上半年数据显示，深圳共向947家留学人员企业发放了创业资助，向21家留学人员创业园发放创新环境建设资助，累计认定留学人员创业园33家，补贴资金总额从2015年的1500万元增长至3000万元。

3. 广州"红棉计划"

广州陆续通过实施产业领军人才"1+4"政策、鼓励海外人才来穗创业"红棉计划"、高层次人才"岭南英杰工程"，以及举办海交会等一系列举措，使不少在穗创新创业的海归人才受惠，其中以"红棉计划"最具代表性。围绕国家重大战略和广州重点发展战略目标的人才需求，2017年底广州市发布"红棉计划"。入选"红棉计划"的项目，可享受资金资助、项目资助、创业融资、创业孵化、知识产权保护、税收优惠、采购扶持、人才保障等十大政策待遇。

对评审后入选"红棉计划"的创业项目，明确分别给予200万元创业启动资金资助。对获得B轮以上融资的创业项目，按不高于融资额的10%给予奖励，最高奖励不超过100万元；设立在指定创业园区内的创业项目，可免费使用不低于500平方米的生产和办公用房；自行租用办公和生产用房的，连续3年给予租金补贴，补贴标准每月每平方米不超过35元；对获得银行贷款的"红棉计划"创业项目，按银行同期贷款基准利率（1年）的标准在2年内给予1000万元以内50%的银行贷款贴息补助。

持有"广州人才绿卡"的海外人才创办企业,可在购房、购车、子女入学等方面享受广州市户籍市民待遇,截至2018年10月,已颁发绿卡4591张。

"红棉计划"申报重点支持"IAB计划"(发展新一代信息技术、人工智能、生物科技产业计划)、"NEM计划"(发展新能源、新材料产业计划)及其他重点产业领域的海外人才来穗创业项目。

二、大湾区城市留学生创业园、孵化器建设

留学生创业园作为海归创新创业的孵化载体,为海归创新创业团队搭建了一个汇聚各方信息和资源的平台,同时也是吸引海外留学人员回国创业、扶持留学生企业发展的重要平台。香港、澳门、深圳和广州作为粤港澳大湾区核心城市,在孵化器建设方面取得了较大的成果,特别是深圳和广州,成果尤其明显。

深圳市留学生创业园设立于2000年10月,是深圳市第一个面向海归的产业园区,被国家科技部认定为"国家高新技术创业服务中心"。创业园孵化面积33000平方米,首创"政府引导,留学生管理"的运作模式,提供基础设施、创业辅导、融

资、人才引进、交流培训、市场推广、管理咨询、项目推介、联谊沟通等服务。

此外，深圳还打造了留学生创业园（产业园）等引智载体，为海外人才搭建广阔的创业平台。2016年深圳市政府启动孔雀计划产业园建设，计划五年投入20亿，按照"一园三基地"的模式，即总园区中海信（深圳）创新产业城+总部基地（龙岗区创投大厦）+孵化基地（云里智能园）+产业化基地（龙岗智慧家园），为推动高层次人才团队产业化、集聚化发展提供空间支持和服务保障。截至2018年3月，深圳市共认定留学人员创业园33家，并通过专项资金向947家留学人员企业发放了创业资助，向21家留学人员创业园发放了创新环境建设资助。深圳市留学人员创业园的数据显示：园区内的企业成活率（按入园后完成三年孵化期成功出园的企业数量计算）达到了95%，市外专局介绍，以市留学人员创业园孵化的835家企业为例，在园期间累计获得融资12.53亿元。累计获得各级政府资助2.3亿元，上缴税金4.03亿元以上。市留学人员创业园2014年有47家企业"毕业"出园，员工总人数从成立时的平均5人发展到3年"毕业"时的平均33人，增幅达560%。

广州建设一系列面向留学人员的孵化载体，包括留学生广州创业园、海归小镇、广州归谷科技园（中国海交会创新创业示范园区）等园区。此外根据"红棉计划"工作安排，广州将着力发展海外人才创业工场、"红棉"创业咖啡等新型孵化器建设，创建海外人才离岸创业基地，打造创新科技企业的高端载体及海外高层次人才创新创业孵化加速器。在政策资金方面，据统计，2001至2012年期间，广州共资助347个留学人员创新创业项目；2017年至今，"红棉计划"、高层次人才"岭南英杰工程"等举措已经为来自734个企业的2992名人员发放了产业发展和创新人才专项补贴1.49亿元，令不少在广州创新创业的海归人才受惠。

第四节 大湾区城市海归青年创业大数据分析

一、大湾区各城市海归概况及创办企业数量

粤港澳大湾区珠三角9个城市中，深圳和广州作为两大核心城市，担当着区域人才流动中心的角色。它们通过打造"海归友好"环境，吸引数以十万计的海归人才融入城市发展的各个领域，成为人才竞争力中的重要支柱。以深圳为例，深圳"孔雀计划"2018年新增认定海外高层次人才1355人，累计引进认定人才4309人。截至2018年，广州创业或工作的留学回国人员约8万人，深圳的海归数量超过了11万人，远远超过了大湾区其他城市的海归数量。珠海市2017年在册的海归约7000人，东莞

市2015年在册的海归约6000人，广东省内其他大湾区城市则相对更少。

从学历方面来看，海归博士和硕士回国后选择最多的城市是深圳，其次是上海、北京和广州。硕士海归毕业前往深圳发展的比例达到65%，博士比例达到61%，远超过第二名的上海。深圳以更有利的政策、更开放年轻化的城市形象吸引了越来越多的高学历海归，也为大湾区未来的发展奠定了人才基础。

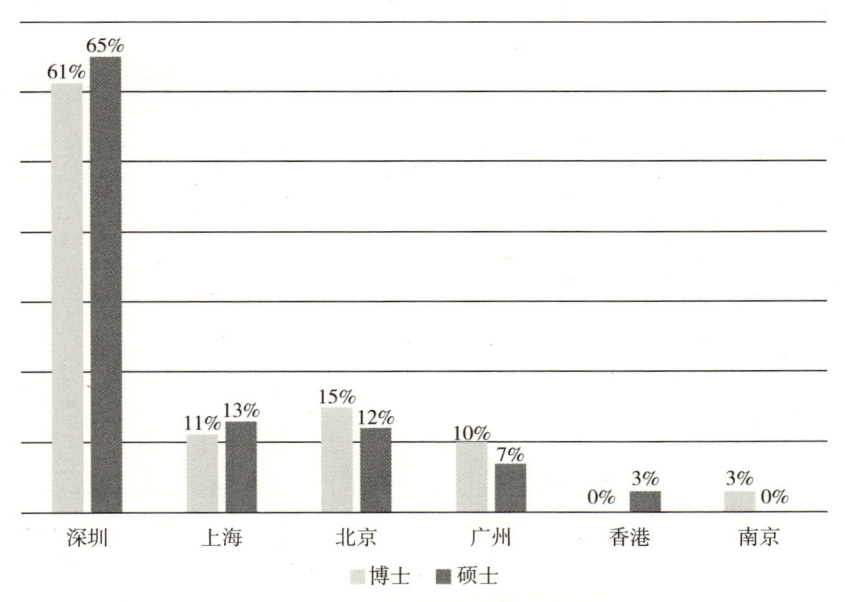

图3-21 博士硕士回国后的主要发展城市

从男女海归比例来看（全部学历背景下），深圳依旧是海归们的首选，在大湾区发展的大背景下，深圳愈加国际化，也更具有吸引力。

从大湾区角度来看，在大湾区内海归分布不均，以深圳、广州、香港等发达城市为主要居住城市。粤港澳大湾区的建设目标之一是实现发达城市与发展中城市的协同发展。因此，这三个城市在未来发展过程中，将发挥极强的带动作用。

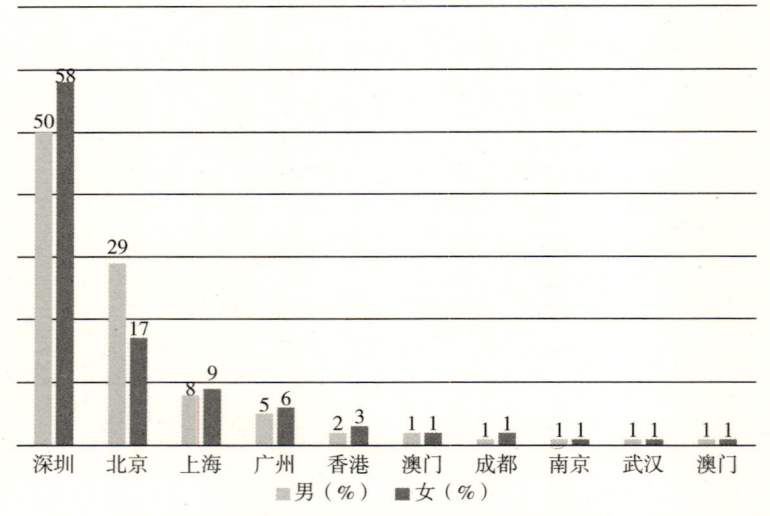

图3-22 男女海归选择居住前十城市的分布差异

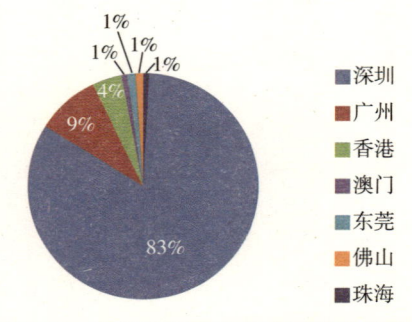

图3-23 海归选择居住大湾区城市的分布

第三章 粤港澳大湾区海归青年创业报告 | 149

同时大湾区青年海归主要留学于英国、美国、澳大利亚、新加坡等地。相比之下，旧金山湾区等国际成熟湾区的国际人才来自发展中国家和发达国家，而粤港澳大湾区的人才流入主要以英美发达国家为主。我们认为这与粤港澳大湾区发展高科技及周边产业领域有关，同时也因为国内目前留学热门地区仍然以英美澳等发达国家为主。

	英国	美国	澳大利亚	英国	美国	澳大利亚	英国	美国	澳大利亚
	广州	广州	广州	深圳	深圳	深圳	珠海	珠海	珠海
(%)	46	33	21	43	39	18	47	29	24

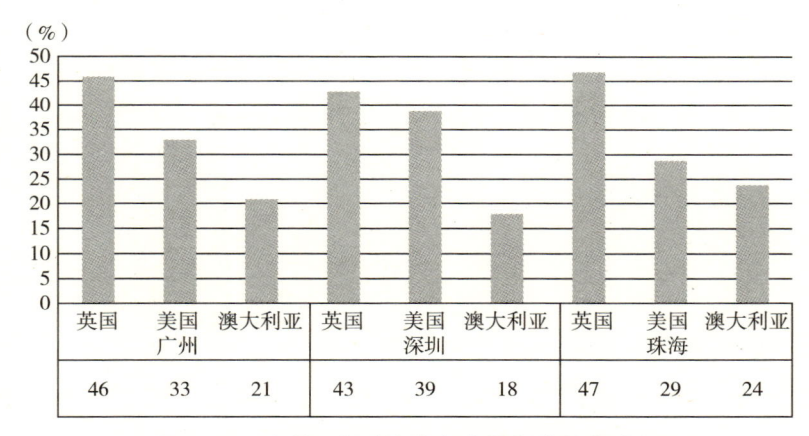

图3-24 广州深圳珠海海归人员留学国家对比

截至2017年底，深圳市留学人员创办的企业总数达3700多家，年产值千万以上的企业130多家，超亿元产值的逾30家，一大批海归骨干企业，如朗科、迅雷、华因康、柔宇科技、绎立锐光、赛百诺、华傲数据等公司已成为深圳自主创新与产业提升的重要力量，其中迅雷的年产值已超过10亿元，纳税也早已突破亿元大关。这些企业的孵化项目中，有很多已抢占行业前沿位置，不但技术先进，而且市场前景非常广阔。

二、大湾区海归青年创业主要行业领域及社会经济效益

海归人才作为人才经济的一个亮点，在粤港澳湾区特别是深圳和广州，已初具规模并逐渐成为区域经济增长的催化剂。

香港的初创公司2018年增至2625家，年增长18%，其中超过三分之一创办人来自香港以外地区，其主要业务范畴包括金融科技、电子商贸、供应链管理及物流科技、专业或咨询服务、信息科技及服务等；创造的就业职位大幅飙升至9548个，涨幅为51%。

在产业政策的引导下，深圳在电子信息、生物医药、新材料、医疗器械、先进制造及新能源等新兴产业领域培育了一大批海归骨干企业，如迅雷、朗科、大疆、柔宇科技、光启、华因康等等。深圳市人力资源和社会保障局2017年11月份数据显示，全市留学人员企业总数达4200多家，年产值超亿元的留学人员企业达62家，粤港澳湾区劳动力占比排名前五的行业为制造、批发和零售、建筑、交通仓储和邮政、教育。2017年，深圳引进海归达到1.8万人，同比增长74.2%，来深发展的留学人员主要集中在金融、计算机信息技术等行业，分别占比24%和15.4%。

根据《中国广州科技创新发展报告（2018）》蓝皮书，留学回国人员在广州创业集中在信息传输/软件/信息技术服务业，

占比达15.5%,其次是文化/体育/娱乐行业和科学研究/技术服务业,各占9.9%,金融业、教育行业和批发/零售并列第三,各占8.5%。

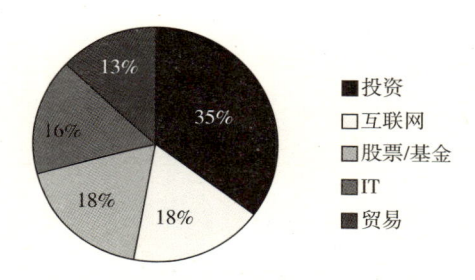

图3-25 珠三角九市海归青年从事排名前五名行业

珠三角九市海归青年的主要归国选择发展的方向集中在投资、互联网、股票基金、IT和贸易领域,以金融和高新产业为主,与大湾区本身的高新产业技术发达程度和城市开放程度紧密相关。

三、海归青年创业过程中的问题

虽然海归创业在技术上具有优势,但是回国后面对全新的国内环境,也遇到了一些问题。根据已有调查结果,我们从内、外两个方面说明其遇到的问题。

1. 从外界环境来看，创业成本高，融资难度大

当前环境下，海归青年创业过程中遇到的最主要困难仍是创业成本高与融资困难。随着国内各大城市房价高企，各种要素成本也随之增长，如场地租金、人力成本、设备、商业服务等，高昂的运营成本导致创业企业难以为继。同时，由于国内创投体系不够完善，存在着中小企业融资难、融资贵的问题。此外，除个别大城市外，普遍都存在创业服务不到位、政府相关政策配套不齐、技术成果转化比较困难等问题。

2. 从海归青年个人来看，创业准备不充分，不了解国内环境

近年来，随着我国经济水平提高，出国留学呈现明显低龄化，本科学历出国留学的占比最高，而部分具备经济条件家庭的青少年在高中阶段就已出国留学。这种情况致使海归群体也呈现低龄化，且部分海归并无海外工作经验。回国后在"双创"浪潮下贸然选择创业，一方面行业经验不足，也未对市场进行充分调研；另一方面对国内环境以及国家产业政策不熟悉，这种"水土不服"给海归青年创业过程带来了很大的阻力。

国内的市场环境与国外很多国家有相似之处，但也有很大不同，因此制定合适的市场战略就变得尤为重要，特别是当下互联网、新媒体的高速发展造成支付方式和营销方式等的改

变，都影响着企业在制定战略时的合理性和适当性。

国内的行政审批也与国外有很大的不同，通常企业经营所需要的许可类型较多，且大部分需要逐级审批，因此海归人才在创业过程中也要关注行政审批事项，留出充足的时间处理相关的行政事项。

四、大湾区海归青年创业的未来趋势

粤港澳大湾区建设为区内城市发展带来了新的机遇，也将为在大湾区创业的海归青年创造历史性的机会，汇集成新的发展趋势。

1. 从政府层面来看，要不断完善政策体系，提升留学人员创新创业服务水平

各项奖励政策固然有益，但随着留学人员创业理念不断发展，地方政府效率、创新创业投资氛围等仍需要进一步提高完善。各地政府应该围绕海归创业需求，从场地、人才、融资、技术、交流、营商环境等方面着手，完善政策体系，消除海外创新人才回国创业的外部阻力。

①政府部门做好顶层设计，在完善基础服务管理工作的同

时，为海归人才提供服务功能全面、服务水平专业、服务标准规范的"一站式"服务。

②充分发挥留创园、众创空间等创业孵化器的作用，建立完善的创业生态系统，帮助创业者解决创业地点难定、合作伙伴难寻、产品难打入市场等问题。

③充分发挥行业协会、社会团体以及第三方中介的作用，开展多样活动，以座谈、讲座、论坛等形式帮助海归创业群体了解国内社会整体环境及相关政策。

④坚持开放创新，用全球视野积极引进各类国际高端创新人才和团队。这就需要粤港澳大湾区要有更具竞争力的人才政策，并经常性对各地的人才政策进行比较评估，根据内部需求和外部环境变化及时补充完善人才政策。在政策的便利性和透明性、配套服务、城市软实力等方面下功夫，形成综合性竞争优势。同时要加快建立国际领军创新人才数据库和信息库，及时掌握关键领域、创新人才的科研动态，强化人才引进的精准性和有效性。另外，要加快建立跨区域间、跨体制间高层次创新人才和团队的合作共享机制，加大创新人才的柔性引进力度，有效降低高层次创新人才的引进成本与难度。

2. 从海归人员自身来看，要做好创业准备工作，提升创业水平

粤港澳大湾区人才济济，创新创业环境日新月异，竞争异常激烈。一方面，海归创业者应放下"高学历"的架子与"精英"的标签，从零开始积极主动去了解国内的社会需求，适应并融入当地社群；另一方面，海归创业者应充分做好市场调研工作，了解国内政策、创业环境以及企业交易规则，积极面对创业的艰难和挑战；最后，海归创业者应该充分发挥自身优势，整合人才、技术以及资本等重要资源，实现创业成功。

3. 基于粤港澳大湾区的整体发展趋势，把握海归青年创业的未来产业趋势

（1）数字经济

新一轮科技革命催生数字经济的巨大发展空间，以"数字产业化、产业数字化"为发展主线，带来以信息技术与实体经济特别是制造业深度融合的产业未来。

2016年，广东省数字经济产值占GDP比例超过30%，基础型数字经济规模超过8000亿，居全国第一；融合型数字经济达1000亿，居全国第二位。产业数字化处于全国领先水平，2017上半年广东在数字产业指数方面增幅超过50%，制造业数字化转型步伐加快，以互联网与制造业融合为主体的融合型数字经济发展趋势明显，正逐步成为制造业转型升级的新动能。2016年全省制造企业的互联网销售率、互联网采购率达到42.6%、41.5%，居全国前列。截至2017年底，通过评定的国家级两化融合贯标试点企业64家，占全国1/10。云计算、物联网、大数据

在制造业企业的应用率均超过20%。

香港也在大力推进数字化经济建设，2017年12月，香港政府公布《香港智慧城市蓝图》，从智慧出行、智慧生活、智慧环境、智慧市民、智慧政府和智慧经济六大方面推行相关政策和措施，涉及将近20个计划，首要阶段的三项措施，包括建设数码个人身份、智慧灯柱及政府云端与大数据分析平台。《香港智慧城市蓝图》中全盘勾画未来五年的发展计划，目标是将香港建成世界领先智慧城市，利用创新及科技提升城市管理成效，改善市民生活及增强香港的吸引力，实现可持续发展。

澳门的数字经济在近几年也得到长足的发展。2017年8月，澳门特区政府与阿里巴巴集团签署《构建智慧城市战略合作框架协议》。协议中重视云计算、大数据等互联网技术，阿里巴巴将通过云计算技术、专才培训等不同领域协助澳门特区政府提升城市治理和决策效率，促进澳门全新智慧城市和经济数字化转型。此外，阿里云也正与澳门大学合作，计划在其科技学院课程中加入大数据、云计算等教学内容，培养数字人才。

数字经济的大趋势给海归人才带来了机遇。在数字经济大背景下，既需要更多的高科技人才，也需要更多的创新企业支持高新产业发展。数字经济下大湾区要吸引更多海归青年创业，还需要提供以下服务。

第一，加大数据基础设施建设。加大基础设施的配套，保障创新创业企业拥有高质量的供应链网络；针对数据孤岛和数据碎片化问题，可建立开放共享的大数据公共资源，在开放性方面解决企业出于商业利益限制数据共享和流转等问题；做好数据管理和网络安全等的技术储备，引导平台企业与公共部门加强征信等数据对接，建立政企互动的信息分享合作机制，建立完善基于信任的监管体系。

第二，加快关键共性技术研发，建立更多数字经济公共服务平台，通过总结数字经济产业典型的技术融合方式、创新阵地、商业模式等，构建起企业、大学、研究机构、用户等联系更加紧密的协同创新网络平台，加快突破关键共性技术，在人工智能、区块链、智能语音等若干领域，促进数字技术在医疗、家电、交通、金融等更多行业的融合，催生和培育新兴产业，形成更多新经济增长点，进而促进相关创业项目。

第三，提升技术成熟度，加快新技术的应用推广。推动数字经济发展，应用是根本，要协调各方力量共同投资，推动各方信息的相互协调，不断完善数字技术发展路线，加快数字技术、数字产品以共享模式加以推广应用；并且针对大部分技术仍然为大规模制造商所独享的现状，政府要在技术创新、技能教育、产业政策等方面，为中小企业享受数字技术的价值制定相关政策，加快企业数字转型，实现整个供应链、更广地区的数字技术应用。

（2）金融科技创新

金融科技在中国市场有着巨大的发展潜力。截至2017年底，中国金融科技的市场渗透率已达42%，用户人数超过5亿，居全球首位。

《粤港澳大湾区发展规划纲要》明确指出在建设粤港澳大湾区背景下，金融体系承载重要历史使命，也迎来自身发展的时代契机。金融行业将加快开放创新与互联互通，深化金融科技渗透，赢得更快跨越发展。大湾区拥有广州、深圳和香港三大金融重镇，以及港交所和深交所两大证券交易所，聚集全球诸多银行、保险、证券等跨国金融巨头，因此具有十分明显的金融优势，深圳拥有创新驱动的先发优势，香港具有金融服务的国际化和制度优势，在大湾区内形成"科技+金融"的双轮驱动，为金融科技的创新发展提供了良好的环境。深圳证券交易所将金融科技看成是粤港澳大湾区发展的重要新机遇，希望通过研究项目搭建平台，发挥各方力量共同推动金融科技在粤港澳大湾区的发展与应用，深入研究大湾区金融科技产业发展趋势，助力粤港澳大湾区跻身世界级湾区。

金融科技创新为小微企业带来了更多的利好，最明显的是创业公司都面临的融资问题。截至2018年9月，我国小微企业的贷款覆盖率为17.3%，仍然有大量的资金需求无法被满足，在金融科技出现之前，主要有两类群体在服务小微企业，一是银行，二是传统的民间金融。但是，由于运营成本、风险偏好等因素影响，这两类群体在某种程度上都无法规模化服务于长尾的小微企业。金融科技出现之后，在一定程度上解决了一部分小微企业贷款难的问题，借助人工智能和大数据的技术力量，可以提升金融服务的可获得性、成本可负担性以及供需可匹配性。经过多年实践，金融领域也产生了很多可供复制的模式。以信托为例，目前可通过供应链金融、"场景+大数据"模式等方式为小微企业提供投融资支持。

第四章
粤港澳大湾区港澳青年创业报告

第一节 港澳青年湾区创业现状概述

一、港澳青年大湾区创业的基本情况

香港特区政府统计处在2018年发布的《2016年中期人口统计主题性报告：青年》中提到，香港青年人口776700人，占全港人口的11.1%。10年间，香港青年人口下降11.76%。香港社会科学研究中心的香港青年报告显示，香港青年的失业率在2011年达到9.3%，失业率较高的行业是"零售、住宿及膳食服务"，其次是"公共行政、社会及个人服务"。澳门政府公布最新的2016年人口报告显示，澳门13~29岁的青年有14.7万人，约占澳门总人口的四分之一，是一个占比重大、必须予以高度重视的群体；其中青年人口的失业率从2009年的5%下降至2016年的3.5%，澳门青年的就业状况在向着更好的方向发展。

在内地取得巨大的发展和进步之际，以前港澳向内地输入

技术、商业和管理经验的模式,已经逐步转向内地与港澳双向交流的模式。伴随粤港澳大湾区上升为国家发展战略,港澳青年对于"北上"发展的热情在不断升温。据香港广东青年总会和明汇智库的联合调查,在粤的香港青年对国家的认同感偏向正面,包括国家的经济、政治和社会发展。香港青年联会属会"香港青联学生交流网络"在访问的450名香港大学生中,超过90%的香港青年看好中国经济发展前景,尤其是粤港澳大湾区的发展前景,近80%的青年愿意在内地就业、创业,吸引他们的是更加利好的大湾区政策。另外,由于地缘、文化的因素,深圳、广州、东莞等城市成为了香港青年人工作的首选之地。

此外,根据相关研究显示,与老一辈港澳创业者不同,目前港澳青年在大湾区创业呈现"四高"趋势:即新一代港澳创业者学历更高、从事产业具有更高科技含量、所处价值链更高端、提供产品服务具有更高附加值。对于在科创研究成果方面占有优势的港澳青年创业者来说,把科研成果产品化需要完善的制造业来实现,把产品量产化又需要市场来支撑。而珠三角强有力的制造业基础和庞大的市场也成为吸引港澳青年创业的两大优势。因此,为了促进粤港澳大湾区融合发展,珠三角的9个城市纷纷出台了大量扶持政策,以吸引合适的港澳青年前来创业。

二、港澳青年湾区创业画像描述

1. 港澳青年湾区创业性别分布

根据深圳市海归协会"海归APP"数据，港澳海归青年选择在大湾区创业的人群中男性比例高于女性，分别占比60%和40%（图4-1）。由此可见，相对于女性，港澳海归男青年表现出了更为强烈的创业意愿。

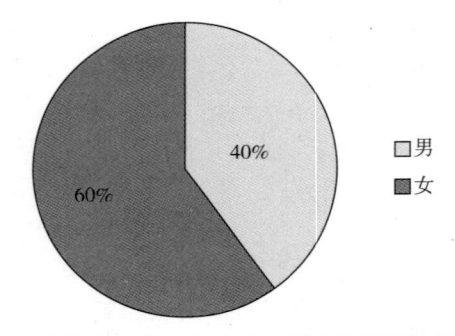

图4-1　港澳海归青年选择在大湾区创业的性别比例（2018）

2. 港澳青年湾区创业学历分布

与所有海归创业青年的学历分布相比，港澳海归创业青年在学历分布上呈现一定差异，学士学历明显多于硕士学历，分别占比68%和20%。由此可见，港澳海归青年创业者表现更为年轻化。

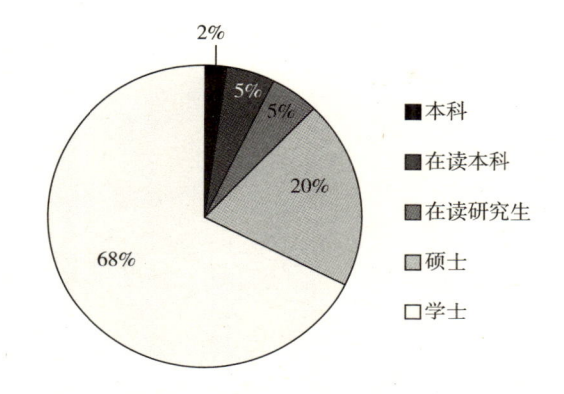

图4-2 港澳海归创业青年的第一学历比例（2018）

三、港澳青年湾区创业行业特征分析

1. 概览

在行业选择上，港澳海归创业青年在行业选择上呈现明显的多样性，涉及金融、IT、艺术、房地产等多个行业领域，其中保险业、金融投资业、房地产业和文化传播业四大行业占比位于前三，分别为24%、15%、7%和7%。由此可见，港澳海归创业青年为湾区提供了多方位的人才，对于全面推动湾区经济具有显著意义。

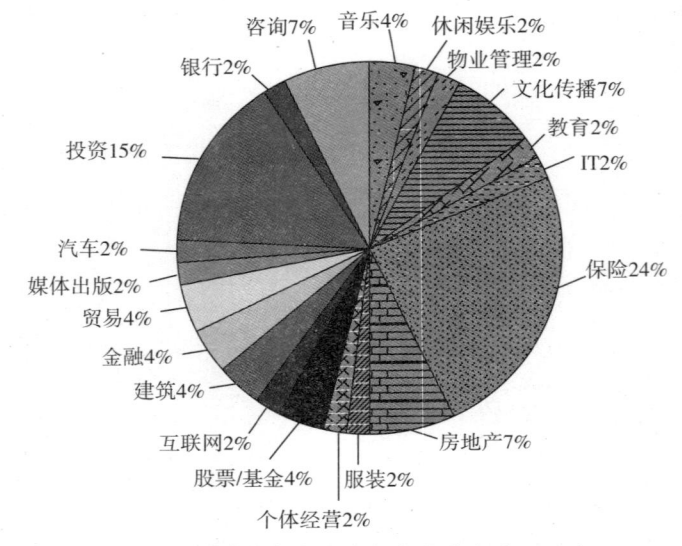

图4-3 港澳海归创业青年行业分布（2018）

2. 海归创业者排名前三行业对比

选取头部占比排名前三的四大港澳海归创业行业（保险业、金融投资业、房地产业和文化传播业），对其性别、学历和学历留学国家进行分析。我们发现：

在性别发分布上，保险业中，女性港澳海归创业明显多于男性，占比70%；在金融投资业，男女比例基本持平；在房地产和文化传播业中，男性比例显著多于女性，且比例均接近8∶5。

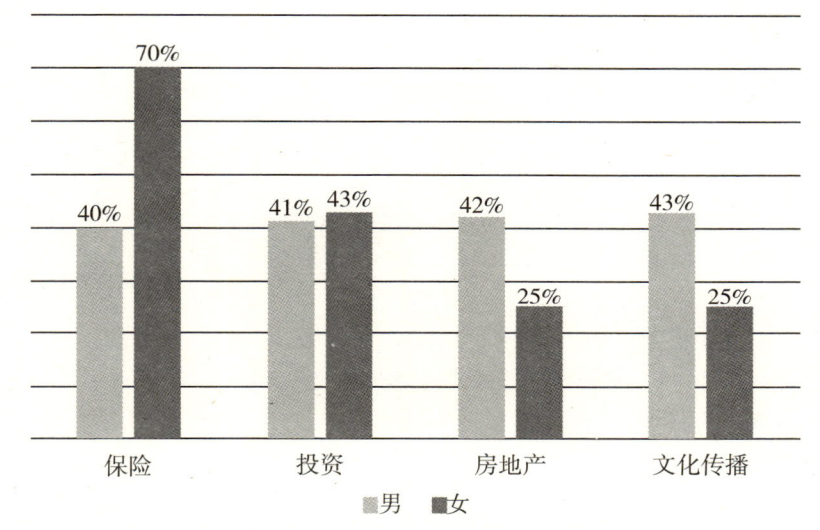

图4-4 排名前三的行业男女性别比例分布（2018）

在学历分布上，这四大行业中，学士学历的比例进一步扩大，占比达79%，而硕士学历的比例仅为5%

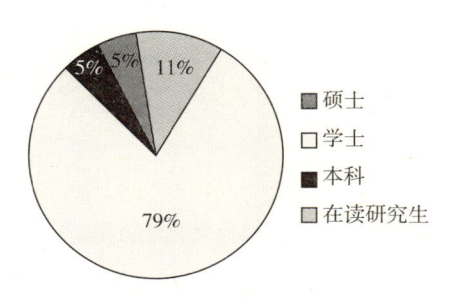

图4-5 排名前三的行业学历分布（2018）

从留学国家看，港澳海归青年的留学国家主要包括美国、日本、新西兰、英国和中国香港，其中英国占比最高，为

43%，美国占比次之，为24%。

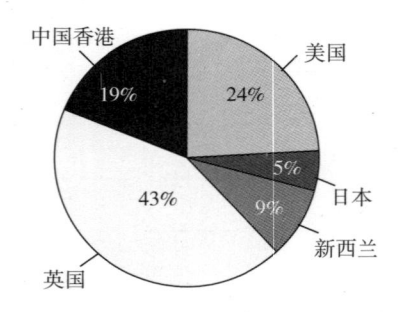

图4-6 排名前三的行业留学国家（地区）分布（2018）

第二节 各城市协力支持港澳青年大湾区创业

一、各地支持政策

《粤港澳大湾区发展规划纲要》指出，要拓宽港澳居民就业创业空间，支持港澳青年和中小微企业在内地发展，将符合条件的港澳创业者纳入当地创业补贴扶持范围，积极推进深港青年创新创业基地、港澳青年创业就业基地建设。过去30多年里，香港和澳门作为广东"走出去"或者"引进来"的主要窗口，粤港澳大湾区内部要素的单向流通较为明显。从过往的制造业到今天的服务业，无论是港澳企业到广东投资，还是港澳的优势产业向广东转移，均是单向性的要素流通。粤港之间的合作模式，主要是"广东所需+港澳所长"。目前这种模式已经到了转型的关口期，有必要积极探索新模式。粤港澳大湾区的发展或许可以提供一条出路。其中，如何吸引香港青年到粤港澳大湾区居住和创业，需要广东、香港和澳门共同的合作和支持。

1. 广东省

广东作为吸引港澳青年创业的主阵地，在平台建设和政策支持两大方面积极发挥带头作用，支持港澳青年到广东就业、创新创业。①平台建设方面，广东将建立一个粤港澳青年创新创业基地，同时将在总结运行经验的基础上，有针对性地提升南沙、前海、横琴创新创业的服务力。预计在下一阶段，整个粤港澳大湾区将会打造12个为港澳青年创新创业服务的平台；②政策扶持方面，广东将完善相关的支持和服务。第一，广东省支持创业就业的相关政策、财政支持政策，对港澳青年在湾区内的创业全覆盖。第二，将会在营商环境、工商登记便利化方面，更好地为港澳青年提供一站式的服务。第三，将会进一步出台港澳青年在内地就业、创新创业涉及到的居住、医疗保障、税务政策等方面的支持措施。

（1）平台建设

据不完全统计，自广州南沙、深圳前海、珠海横琴设立港澳青年创新创业平台以来，港澳青年的创业团队已达360个，行业涉及互联网、金融、科技、生物、医学等各个领域，从业人员、就业人员接近4000人。

（2）政策建设

①广州市"五计划一平台"。广州市已发布以"五计划一平台"为主体的《发挥广州国家中心城市优势作用支持港澳青年来穗发展行动计划》。这是粤港澳大湾区内地城市首个支持港澳青年发展的综合性政策文件，为港澳青年在穗学习、实习、交流、就业、创业、生活等提供全面支持。该行动计划主要内容包括：实施"乐游广州"计划，深化穗港澳青年交流交往；实施"乐学广州"计划，支持港澳青年学习研究；实施"乐业广州"计划，支持港澳青年实习就业；实施"乐创广州"计划，支持港澳青年创新创业；实施"乐居广州"计划，强化住房教育医疗保障；搭建高效便利服务平台，提供社会化专业化服务。根据《行动计划》，广州将以更大力度助力创新创业，设立总规模10亿元（人民币，下同）覆盖创业各阶段的港澳青年创业基金，重点投资港澳青年初创项目；3年建设10个港澳青年创新创业示范基地，入驻基地初创企业享受免费注册地址，办公场地费用半年全免、一年减半；对在南沙落户的港澳初创项目，给予最高20万元奖励和补贴等。

②深圳港澳青年大学生创业扶持政策。为了支持港澳青年在内地发展，深圳前海发布《关于支持港澳青年在前海发展的若干措施》。根据"若干措施"规定，18~45周岁的香港、澳门居民及在港澳高校毕业的内地居民提供就业创业扶持，包括就业扶持、创业扶持、平台扶持及生活保障等四个方面的36条措施。在创业方面，"若干措施"中提出，一对符合前海重点发展领域，具有一定市场潜力的港澳青年创办企业，根据其实际情况，给予创业启动资助；二对入驻前海梦工场等前海主办的创新创业孵化载体企业，可享受办公场地租金和物管费用补贴；三对在港交所、上交所、深交所、伦敦证券交易所等上市的港澳青年创办企业，一次性给予最高200万元奖励；四对港澳青年创办的企业提供贷款贴息等资金支持，降低融资成本，支持港澳青年在科技创新、文化创意、专业服务、生活服务等领域创新创业。

③珠海支持港澳青年来珠创业的政策措施。为积极推动粤港澳大湾区建设，提升港澳青年就业技能，珠海市拟定了《珠海市支持港澳青年来珠就业（创业）和技能培训（训练）若干政策措施（征求意见稿）》。《意见稿》提出，港澳居民在珠创业，优先入驻广东珠海公共创业孵化（实训）基地，由基地提供系列创业服务，并享受最长三年"零"租金、"零"物业管理费的优惠政策；创业者可申请入驻市、区人才住房；港澳居民在珠海市创业的，可享受创业资助、租金补贴、初创企业

社保补贴、创业带动就业补贴等政策；港澳居民在珠创业并办理就业登记，创业者在珠港澳金融机构获得创业贷款的，可享受最高30万元贴息贷款额度；创办小企业，吸纳就业并办理就业登记、缴纳社会保险费满3个月的，根据吸纳就业人数，按每人15万元的标准增加贴息额度，可享受贴息的贷款额度最高300万元；创业贷款在规定的贷款贴息额度内，可按照中国人民银行公布的贷款基准利率最高上浮3个百分点据实给予贴息。

珠海还积极推出"珠港澳创业青年公寓计划"，以格力集团系列长租公寓项目为载体，助力珠海加快探索建立多主体供应、多渠道保障、租购并举的住房制度，同时服务珠港澳青年创新创业。该计划首期包括"格创家"和"格创新天地"两个项目，均为集居住、办公、休闲、娱乐、创业多功能为一体的长租公寓项目，提供单身公寓、两房一厅公寓近300套，珠港澳创业青年和其他各类人才可拎包入住。建设银行将综合运用境内外联动等优势，为人才公寓项目提供住房租赁管理系统、智慧社区管理系统等全线上的金融服务，青年租户通过线上渠道便可在线找房、看房、签约，以及线上缴纳房租、物业家政费用、进行转租续租等。在企业端，建设银行将为公寓管理方提供一键发布房源、同步房源最新出租状态等专业化的住房租赁管理服务。与此同时，澳门青年企业家协会、粤澳青年交流促进会、珠澳青年交流促进会将积极发挥沟通桥梁纽带作用，为两地青年互通有无、强化信息交流、共创共进等搭建平台。长租公寓项目优先配租给符合条件的珠港澳青年创业人才，并给予相应租金优惠。

④东莞松山湖支持港澳青年创业政策。松山湖管委会出台了《东莞松山湖（生态园）港澳青年人才创新创业专项资金管理暂行办法》，该专项资金由松山湖发展专项资金中的人才发展资金安排，纳入园区财政预算管理，主要用于园区港澳青年人才创新创业项目的创业启动资金资助、办公场地及住房租金补贴、培训及参展补贴、贷款贴息，以及创业投资机构对港澳青年人才创新创业项目投资进行补贴等方面的扶持。

2. 香港

据香港特别行政区政府政务司司长张建宗介绍，香港特区政府将整合聚集香港青年大湾区双创的资源，以大湾区青年双创基地为核心，建构一个可持续发展，支持香港青年双创的生态系统。具体来说，香港特区政府将通过和民间机构合作，为在大湾区创业的香港青年提供创业补助、支援、辅导、引路及孵化的服务，也会与广东省政府合作，成立大湾区香港青年创新创业基地联盟，建立一站式的宣传与兼容平台，支持香港平台创业者到大湾区发展、落户。此外，香港特区政府民政事务局已通过青年发展基金推出两个全新资助计划，通过香港非政府组织的支援，协助香港青年认识、善用大湾区双创基地。

3. 澳门

据澳门特别行政区政府政策研究和区域发展局局长米健介绍，澳门特别行政区政府对青年工作十分重视，开展诸多扶持工作，第一，实施"千人计划"，让青年到内地交流学习，为他们创新创业做好准备；第二，实施青年湾区创业创新计划；第三，提供30万元上限的免息创业贷款，支持青年创业；第四，连续几年组织"澳门青年创业创新考察团"到内地，学习创新创业的经验；第五，在中山设立了一站式的青年创新创业平台。

二、大湾区港澳青年创业基地概况

创业基地能为港澳青年解决最基本的场地等基础设施需求，因此广东省正在着力建设大湾区港澳青年创业基地，根据《关于加强港澳青年创新创业基地建设实施方案的通知》要求，广东将分两个阶段将创业基地打造成为粤港澳青年创新创业活力区、融合发展示范区、安居乐业试验田。

第一阶段（到2020年），在广州南沙、深圳前海、珠海横琴三个自贸片区打造南沙港澳青年创新创业基地、前海港澳青年创新创业基地和横琴港澳青年创新创业基地，充分发挥三个基地的引领示范作用，港澳青年进入基地创新创业政策障碍基本消除，资金、信息、技术、服务等瓶颈问题得到解决，政策衔接和服务协同初步实现，粤港澳创新创业交流合作进一步深化，港澳青年入驻基地创新创业成为常态。

第二阶段（到2025年），广州南沙、深圳前海、珠海横琴港澳青年创新创业示范基地辐射带动效应进一步发挥，珠三角9市各建设至少一个港澳青年创新创业基地，以粤港澳大湾区（广东）创新创业孵化基地为龙头的"1+12+N"孵化平台载体布局基本建成，港澳青年创新创业的基础设施、制度保障、公共服务供给到位，粤港澳共同参与基地建设运营的体制机制基本建立，创新创业生态链进一步完善。

其中，"1+12+N"孵化平台载体包括粤港澳大湾区（广东）创新创业孵化基地、南沙粤港澳（国际）青年创新工场、广州科学城粤港澳青年创新创业基地、深港青年创新创业基地、前海深港青年梦工场、佛山港澳青年创业孵化基地、中山粤港澳青年创新创业合作平台、中山翠亨新区"澳中青年"创新创业园、中国横琴澳门青年创业谷、中国（江门、增城）"侨梦苑"华侨华人创新产业集聚区、东莞松山湖（生态园）港澳青年创新创业基地、惠州仲恺港澳青年创新创业基地、肇庆新区港澳青年创新创业基地等。

1. 广州

（1）港澳青年支援中心

2019年5月16日，广东省首个旨在解决港澳青年在创新创业过程中遇到的困难和问题的专属机构——天河区港澳青年支援中心在天河区公共法律服务中心挂牌成立。这是继天河区成立全省首个港澳青年之家后的又一创新举措。该中心设在天河区公共法律服务中心（天河区龙口东路210号），开设港澳青年服务窗口，有律师驻点。由天河区政府组建港澳青年中心的专职队伍，安排专项经费，建立服务导入导出运行机制，为在天河区学习、就业、创业、居住的45岁以下的港澳青年提供政策解答、法律咨询、法律援助、心理辅导、临时救助等9大类服务，维护港澳青年的合法权益，解决其在天河区遇到的各类困难。中心还将结合穗港澳三地联合发起"粤港澳大湾区青年职业发展5A行动"要求，利用天河区现有的行政及社会资源，为港澳青年提供创新创业精准服务保障。

（2）黄浦区科学城港澳青年创新创业基地

为支持鼓励港澳青年到黄埔创新创业，黄浦区建设广州科学城粤港澳青年创新创业基地，重点打造一批粤港澳协同创新标志项目。

广州科学城粤港澳青年创新创业基地作为科学城打造制度创新先行区的重要内容，各项配套服务完善，旨在把青创基地建设中遇到的困难逐项梳理、逐一解决。基地的设计布局很有港澳特色，营造了港澳青年工作生活的氛围，目标是吸引一批港澳青年创新创业项目落户。

（3）白云区白云湖数字科技城港澳青年创新创业基地

该基地是由白云区白云湖科技城与香港新华集团共同合作创立的，白云湖数字科技城已吸引相关产业龙头企业的目光，软通动力、深兰科技等龙头企业已明确落户白云区。新华集团拟投资过百亿在白云湖数字科技城建设港澳青年创新创业基地，未来将吸引过万人来白云创新创业；同时香港智慧城市联盟、香港电竞总会也将参与进来，以此深化全面战略合作。

广州白云区地理位置优越，交通便利，投资成本较低，白云区委区政府各项政策支持，营商环境良好，可以有利地吸引粤港澳三地青年创业，也能吸引到全国、全世界各地青年前来创业。

（4）南沙港澳青年创新创业基地

南沙打造了"粤港澳（国际）青年创新工场""创汇谷"等一批港澳青年创新创业服务平台，对接、服务港澳创业青年，集聚港澳青创团队和人才。同时从2015年开始，南沙通过认定、运营一批"港澳青年学生实习就业基地"，契合港澳学生专业特点和就业需求，常态化接纳港澳青年学生到南沙实习，组织开展深层次的人文交流、社会实践、公益服务和文体活动。实习单位不仅有先进性制造业，有小马智行、科大讯飞、云从科技等新一代信息技术、人工智能、生物医药的科创企业，还有投促局、明珠湾办、政务办等自贸区改革创新的行政单位，培育港澳青年"北上"发展特别是在南沙及粤港澳大湾区城市群实习、就业。目前南沙已建成8个创业孵化器，总面积超过25万平方米，吸引130家中小型科技创新型企业进驻。

"创汇谷"立足港澳青年特点和服务需求，打造集就业创业、资源汇聚、成长成才、休闲娱乐、社会交友于一体的生活社区。"创汇谷"是国际（港澳）青年人才特色社区（建设中）的核心组成部分，其选址在南沙中心区位，使用面积达2万平方米，可容纳200个创业团队入驻，以"青年特色、港澳元素、前端定位、综合服务"为目标导向，以服务港澳青年特别是在穗高校就读的近万名港澳青年学生为主体，以人文交流、实习就业、创新创业、经贸往来（青年专才合作）为主要路径，致力于为港澳青年提供一个低成本、便利化、全要素、开放式的试错平台。

2. 深圳

（1）南山深港青年创新创业基地

作为"深港创新圈"先锋城区，南山区在市港澳办的推动下，率先在深圳市建立了首个深港青年创新创业基地，在深港两地合作，两地高层互动、产业环境营造、创业服务等方面为深港青年发展提供了较多的科技服务支撑。

深港青年创新创业基地以"推动两地人才合作发展，打造开放共赢的深港创新圈"为目标，大力引进香港优质创业团队，提供全链条政策服务保障，营造优良的创业生态环境，打造新时期深港深度交流合作典范。

2013年6月，在深圳市科技创新委员会、深圳市港澳事务办公室以及香港创新科技署的指导与支持下，深港青年创新创业基地（以下简称"深港基地"）正式落户南山云谷创新科技产业园。2014年底，为改善深港创新创业的环境，根据区政府的安排，深港基地迁至南山智园国际创客中心。深港基地配备办公卡位、会议室、多功能厅、路演厅、高速WIFI、私有云等配套设施，实现香港青年"拎包入驻"。在2013至2018年的五年里，深港基地已逐步建立了针对港青的创业服务体系，提供政策指导、平台服务、投融资服务、科技金融、深港交流与国际科技合作等服务，在促进深港两地青年创新创业的工作中取得了一定成效。

截至2019年初，深港基地孵化团队43支，开展40余次特色孵化服务和国际交流活动，10余次港澳推介活动，获得发明专利23项、PCT专利3项，融资2400余万元，已成为两地青年施展才华、共创"中国梦"的广阔舞台。香港特首林郑月娥、国务院港澳办副主任黄柳权等领导先后到基地调研并给予高度肯定。2018年，入驻企业梨享科技、路波科技已与南科大、腾讯、科大讯飞、金蝶等达成合作，年销售额超1500万，物种起源、城通科技、微蜂创联等企业产品深受市场好评，创始人庄奇东、陈浩等荣登2018福布斯中国"30位40岁以下的商界精英"榜单。

（2）前海深港青年梦工场

前海深港青年梦工场由前海管理局、香港青年协会、深圳青年联合会三方共同发起成立，旨在为粤港澳青年创业者提供"一站式服务"，助力他们实现创业梦。

前海深港青年梦工场主要服务香港的团队，截至2018年第一季度，梦工场累计孵化创业团队304家，其中港澳国际团队158家，56%的创业团队获得融资，累计融资超过14亿元人民币。其中，微埃智能科技有限公司成立仅三个月便成功获得首轮融资，并在梦工场的帮助对接下，与富士通等国际知名企业建立了良好的合作关系。

园区内的YOU+公寓每间约50平方米左右，室内配有工作与生活的结合空间，楼内也配套有充足的公共活动空间，满足了创业者随时的会议、商谈以及会客需求。经过专业机构的测算，满足公寓10%的利润的前提下，由政府出资补贴，每间公寓的租金约在2000~2500元人民币左右，很好地解决了园区内创业者的居住问题。

（3）坪山区港澳台侨青年创新创业基地

坪山区港澳台侨青年创新创业基地为坪山区承担特殊功能的创业孵化器，坪山在近3年时间里，通过质量引领和创新驱动，全面优化创新创业环境，为深港青年合作搭建平台。

2016年，香港坪山青年联谊会在金龟村种植"同心林"。随后为了巩固品牌，坪山将其升级打造为港澳台侨青年文化交流基地。2017年，坪山区举办了第一届深港（坪山）青年创新创业交流活动。2018年，坪山区港澳台侨青年创新创业交流活动旨在增进青年创业者之间的交流，推动更多创业者来坪山创新创业，积极融入粤港澳大湾区。

3. 珠海

（1）中国横琴澳门青年创业谷

横琴·澳门青年创业谷由横琴管委会发起，旨在整合政府、高校、企业、社会团体的资源和服务，联合打造企业的一站式服务平台和创业平台，建立"创业载体+创新资源+创投资本"的立体孵化模式，为企业打造一条"苗圃—孵化器—加速器"的可持续发展的成长路线，助推企业迅速发展壮大。计划经过1年基础期、2~3年发展期、4年走向成熟期，希望到2020年培育十家上市公司、造就百个创业新星、打磨千家创意企业、掀起万人创业热潮，最终打造珠三角最具"互联网+"思维的创业新高地。

项目选址于横琴口岸对面，用地面积12.8万平方米，建筑面积13.7万平方米，集商务办公、商业服务、人才公寓于一体，首期3万平方米2015年6月29日投入使用。

同时创业谷还举行"横琴·澳门青年创业训练营"，旨在依托横琴澳门青年创业谷和澳门青年创业孵化中心的品牌优势和创业孵化资源，搭建澳门与内地青年深度交流平台，加强两地创新创业合作，帮助澳门青年更深入了解内地市场、政策、文化，更好地融入国家发展大局。

4. 佛山

打造顺德港澳青年创业孵化基地。双创基地位于广东佛山顺德博智林机器人实验中心，目前拥有约1600平方米创新创业空间，中期将建成约50000平方米创新创业大厦，为推进新一代智能机器人可持续发展提供重要支撑与技术储备，成为我国智能机器人产业发展的新引擎。

基地借助粤港澳大湾区的综合优势、顺德工业制造基础，深化粤港澳创新合作，完善创新创业生态，共享创新创业资源，在机器人和人工智能等相关领域，为粤港澳青年创新创业提供更多机遇和场地、资金、研发、试制、验证、生产等全方位服务。

5. 中山

打造易创空间粤港澳青年创新创业孵化区。2018年12月，中山市成立了由市委常委、常务副市长杨文龙为组长，市人力资源和社会保障局为牵头单位的中山粤港澳青年创新创业基地建设专项小组，"1+1+N"的中山粤港澳青年创新创业孵化平台的建设布局加快推进。根据规划，中山市以易创空间孵化示范基地为核心，将重点建设翠亨新区粤港澳青年创新创业基地，带动全市建成一批各具特色的社会化港澳青年创新创业孵化载体。

易创空间粤港澳青年创新创业孵化区目前共有22个港澳青年项目进驻，近年来前来基地考察对接的港澳青年创业团队越来越多，仅2018年，易创空间就接待来自香港澳门的创业青年团队和个人超过50批次，易创空间正计划推动该孵化区扩建。

2016年，澳门特区政府与中山市人民政府在当年粤澳合作联席会议上签署了《关于合作推进青年创新创业的框架协议》，并提出了打造青年创新创业服务平台的计划。同年10月，中山市易创空间创业孵化基地成立，开设粤港澳青年创新创业孵化区。2017年5月，中山市760文化创意创业孵化基地设立420平方米的"760澳门互动区"，成为中山澳门两地青年创业创新合作的又一创新平台。

6. 江门

打造"侨梦苑"华侨华人创新产业集聚区。江门"侨梦苑"总面积达3300多平方公里，包括江门高新区和大广海湾经济区两大启动平台，以"华侨华人创业创新之都"为发展愿景，致力于优化全市资源配置，为华侨华人构建"三中心、六平台"（"侨之家"综合服务中心、创业创新配套服务中心和市跨境电子商务快件分拣清关中心；火炬大厦、高新创智城、电子商务园、中小企业创业创新集聚区、银洲湖临港产业基地和崖门滨海旅游集聚区六个平台）的创业创新格局，打造独具侨乡特色的华侨华人创业创新集聚区。"侨梦苑"是海外侨商和高端科技人才共享江门发展新机遇的投资和创业的载体，也是江门凝聚侨心、汇集侨智、发挥侨力的新平台。

7. 东莞

打造松山湖（生态园）港澳青年创新创业基地。根据松山湖博泰创意服务中心与港隽动力青年协会签署的战略合作框架协议，粤港澳联合创新创业基地成立后，港隽动力青年协会将负责在香港等地区推广松山湖博泰创业服务中心品牌授权平台；同时双方将承接在粤港澳大湾区，松山湖和香港举办的一系列青年交流发展项目，推动粤港澳大湾区青年之间的交流考察、实习及与企业对接等，帮助青年更好地了解大湾区的发展优势，为青年发展规划提供桥梁。

未来五年，松山湖计划安排13亿元资金用于落实人才改革试验，研究出台东莞松山湖高新区扶持优秀人才创业实施办法、东莞松山湖高新区关于加强高技能人才培养的实施办法等政策，进一步完善各项人才发展政策，为人才安心创业、舒心生活提供强有力的保障。

8. 惠州

在仲恺高新区委、区管委会的统一部署下，中联办、香港工商联等部门的全力支持下，惠环街道依托仲恺高新区优越的区位优势和雄厚的产业基础，开启建设了仲恺港澳青年创业基地。

创业基地旨在为港澳新一代年轻创客提供集研发、展示、培训、孵化、加速、知识产权保护、品牌推广和金融等服务于一体的专业创业孵化载体。为创业企业从苗圃孵化到产业化发展，从注册到上市，提供一站式的高品质创业服务，解决青年创业者的顾虑担忧。

截至2018年底，惠环街道规模以上工业企业197家，占仲恺区规模以上工业企业近4成。高新技术企业170家，占仲恺区高新企业近5成。惠环街道区域内科技企业孵化器9家，众创空间2家。其中，国家级科技企业孵化器1家，省级科技企业孵化器2家，形成了覆盖"众创空间—孵化器—加速器—高新区"的孵化服务链条。并有23家专业性公共服务平台和13家研发机构，为创新创业提供技术支撑。

9. 肇庆

打造肇庆新区港澳青年创新创业基地。依托于国际科创中心和启迪大湾区国际科创中心，肇庆新区组织筹建肇庆港澳青年创新创业基地。致力于打造港澳青年双创集成基地、国际交流基地和科技成果转化基地，为港澳青年在肇庆发展提供办公、生活、实习、交流、就业、创业等全方位保障。

肇庆国际科创中心首先提供了2000平方米的孵化空间，并购置了近千万元的微软云的资源包，这些资源包将会分给每一个入驻企业免费使用，入孵企业可以通过微软云链接到不同的端口，第一时间获取丰富的科研资源，减少前期科研耗费的资金和时间成本。

三、港澳青年在大湾区创业遇到的瓶颈

广东、香港、澳门三地的交通网络持续发展，地区之间合作与交流日益频繁，未来以高铁交通网串联起来的"广东—香港—澳门"经济走廊将进入新的阶段。在这样的背景下，港澳的年轻人将可以以较低的成本前往市场庞大的大湾区，完成其创业梦。然而，由于港澳青年学习生活的环境、接受的教育方式以及文化熏陶等多种因素与内地区域有不同程度的差异，同时还受政策与营商环境、经济产业生态的影响，港澳青年在粤港澳大湾区的内地区域发展依然面临着一些挑战。根据2017年广东省青联对港澳青年到内地实习交流项目的参与者进行的统

计，2016～2017年间，参与内地交流项目的港澳青年人数超过2000人，但是真正在内地实现就业创业的港澳青年不足100人，比例低于5%。这也侧面反映虽然港澳青年有到粤港澳大湾区内地区域发展的意愿，但是由于存在制度、文化等壁垒，使得港澳青年在内地创业就业率仍然不高。此外，根据共青团针对300名港澳青年样本开展的问卷调查反馈，60%受访者认为在内地登记就业创业的手续办理过于繁琐。由于对内地政策不了解，港澳青年多通过中介申请内地创业的相关证照，而申请创业补贴或创新补助的中介费则高达申请资金的30%～40%。因此，港澳青年前往内地创业依然会遇到一定困难和瓶颈。

1. 营商环境与公共治理环境的差异

（1）不了解内地制度及法规

一是对政府架构不熟悉。大多数港澳同胞对于内地的政府架构缺乏一定的了解，尤其在刚开展业务时要找寻对口部门将会面临一系列的困难。例如，创业的第一步——领取商业登记及牌照、注册税号等，确定正确的对口部门，已经成为亟待解决的关键问题。

二是不了解内地法律。内地的劳工法例跟香港、澳门有所不同，如最低工资、加班工资制度、八小时工作制、离职通知期等。

三是不了解税务中的差异安排。内地也有类似香港、澳门的强积金制度,企业和员工每月都需要供款到五险一金。但在不同的城市中,企业需要负担的比例均存在一定差异。例如,在广州,企业每月需要按雇员月薪的14%~20%供款到养老保险,而深圳则是13%~14%。倘若没有专业人士协助,年轻创业者将会深感困惑。

四是不通晓商业纠纷的处理方式。两地的法规差异性较大,内地采用的法律为大陆法,而并非香港的普通法,一旦遇上商业纠纷,港澳创业者将会面临一系列的法律问题。

(2)不熟悉内地商标注册制度

内地的商标注册制度与港澳存在明显差异。以香港为例,根据《香港特别行政区商标条例》第59条,商标拥有人在发现商标被人抢注时,能反对注册或申请撤销商标。但在内地,《中华人民共和国商标法》中规定:"申请商标注册不得损害他人现有的在先权利,也不得以不正当手段抢先注册他人已经使用并有一定影响的商标。"但"抢先"在实际操作上一般不被视为"不正当"。因此,很多大企业往往要花上很多心力去注册"防御性商标",以防遭到影射。倘若年轻创业者缺乏相关知识,很容易对其商业品牌造成负面影响。

2. 信息不对称

港澳青年对内地发展存在信息不对称的情况,特别是对粤港澳大湾区相关信息了解不够。粤港澳三地青年了解和获取信息资源途径的不同容易造成误解，港澳青年一般通过Instagram和Facebook等媒体方式来了解身边发生的事情，但内地青年一般通过微信、微博、今日头条等了解新闻。因此，港澳青年对于内地情况，特别是粤港澳大湾区的建设带来的发展机遇不了解甚至存在各种误会和不理解。此外，粤港澳大湾区的相关配套政策尚处在顶层设计的优化实施阶段，建设发展的理念、方案、规划、实施等相关信息还未能下沉到大湾区广大的青年群体之中，青年群体亦无对大湾区相关信息获取的广阔渠道与资源。同时，大湾区各地区提供的信息资源参差不齐，无法形成信息的有效整合，导致青年群体对大湾区资源碎片化的粗浅认知，对相关信息缺乏准确了解。

3. 对内地市场及文化缺乏了解

文化方面，香港、澳门同内地在对员工管理上存在明显差异，尤其是语言、生活习惯、饮食等。年轻人大多不了解内地模式，只是将香港和澳门的思维直接搬到内地，这增大了创业失败的可能性，也不容易留住内地招聘的员工。而人才招聘问题往往也是很多港澳创业者在内地经营时经常会遇到的困惑。此外，大湾区不同城市拥有不同的人才、招商及创业计划，创业公司的发展与扩展也可能面临地方保护主义带来的挑战。

4. 港澳青年自身的能力与内地创新创业的需求存在一定的差异

由于港澳的人才培养模式与内地存在较大的差异，部分港澳青年尽管在内地学习并毕业，但无论是港澳或海外毕业的港澳生还是在内地毕业的港澳青年，他们在适应内地的一些工作岗位上还存在岗位需求与能力差异。据调查，不少港澳青年担心能力不足而对粤港澳大湾区的发展机会望而却步。在粤港澳大湾区内地区域的产业加快转型升级的背景下，内地的产业朝着智能化方向发展，新一代信息技术、高端装备制造、绿色低碳、生物医药、数字经济、新材料、海洋经济等战略性新兴产业，成为广东构筑产业体系新支柱的重点，产业的高级化对港澳青年自身发展能力、适应能力提出了更高的要求。

四、粤港澳大湾区推动港澳青年创业的政策与建议

1. 提升港澳青年创新创业基地建设水平

当前需要建立推进港澳青年创新创业基地建设的整体协调

机构，通过设立专门窗口、开通"绿色通道"、完善后台服务等举措，实现港澳青年商事登记服务随来随办、即来即办，努力为港澳青年创业企业提供商事登记服务、企业帮办、政策兑现等无偿性政务服务。同时对现有的与创新创业相关的政府信息按政策类、行政事务类、法律法规类进行分类整合，给即将或已落户的港澳青年予以专业、全面的指导。各孵化基地应坚持以服务港澳青年创新创业为宗旨，通过开展资金支持、信息提供、创新创业服务、搭建平台等活动，为港澳青年创新创业提供一系列孵化、成长、落地的一条龙服务，鼓励他们自主创业，实现人生价值。

2. 加大财政政策扶持力度，增强政策吸引力

到内地创业，虽然启动成本较低，但初创业者手头上的资金大多都不是很充裕，在营运上仍可能会出现周转不灵的问题。因此，各城市政府间应统筹协调，为年轻的创业者提供系列配套优惠措施，以减轻创业负担。例如，首年盈利免税额、宽减商业登记收费、科研投入税务抵扣等。大湾区特别鼓励科技创新，如果大湾区内各地政府能够参考香港科学园的措施，提供租金优惠及设施予以初创高科技企业，并让港澳青年初创企业同样能享受国民待遇，将更能提高港澳创业者到大湾区发展的吸引力。

3. 建立面向港澳青年的共享信息平台

加大粤港澳大湾区宣传力度，进一步加强与港澳社会各领域、各专业人士的交流联系，发挥好传统与新型乡亲社团等有利平台，通过亲情纽带，多传播在大湾区珠三角九市青年创业的成功案例，积极引导港澳青年到珠三角九市创新创业。在交流沟通过程中，对青少年新生代要大力宣传回乡创新创业的软硬件优势（包括创业环境、智力资源、人才储备、政策服务等方面的优势），建立广泛链接、资源共享的创业交流平台，提供资讯信息、合作机会、互帮互助，团结和凝聚更多港澳青年人士，促进大湾区创新创业的蓬勃发展。

第五章
粤港澳大湾区创业孵化器建设报告

第一节　孵化器的发展演变历程

孵化器发源于20世纪50年代的美国，是伴随着新技术产业革命而新兴起来的科技创业服务机构，旨在通过为初创的科技型中小企业提供物理空间和基础设施，并提供资金、管理等一系列的服务支持，进而降低创业者的创业风险和创业成本，提高创业成功率，促进科技成果转化，培养成功的企业和企业家。

中国第一个科技企业孵化器——武汉东湖创业服务中心诞生于1987年。由于企业孵化器在推动高新技术产业的发展、孵化和培育中小科技型企业以及振兴区域经济、培养新的经济增长点等方面发挥了巨大作用，企业孵化器获得了迅猛的发展，国内先后涌现出一大批各种称呼的传统孵化器载体，诸如科技企业孵化器、技术孵化器、孵化中心、创新中心、科学园区、研究园区、企业中心、技术中心、科学中心、创新与发展中心、创业园、科技园等。

随着国家创新驱动发展战略的提出，"大众创业、万众创新"成为中国经济发展"新引擎"。2015年1月28日，国务院总理李克强在国务院常务会议上指出，构建面向人人的"众创空间"等创业服务平台，使得"众创空间"模式走进大众视野，与传统孵化器一同构成了经济新常态下我国的创业孵化体系。众创空间作为一种新型的创业服务平台，其低门槛、开放式、便利化等优点为更多的草根创业者提供了成长和服务的平台，对初创企业更具有吸引力。对于多数初创公司而言，众创空间是创业首选的第一落脚点，功能完善、服务优质的孵化器不仅可为创业者提供便利的办公场所，更是资本对接、线下交流，甚至资源整合的重要平台。

随着"双创"热潮席卷全国大地以及一系列扶持政策的出台，各种类型的创客空间、孵化器遍地开花。根据科技部火炬中心数据，截至2017年底，短短三年的时间里，全国统计备案的创业孵化载体有9802家，其中孵化器4063家、众创空间5739家，科技企业孵化器数量同比增长24.82%。科技企业孵化器场地面积1.2亿平方米，在孵企业17.75万家，创业带动就业249万人。众创空间的发展，促进了创新、创业、就业的有机结合，有力地支撑了"双创"发展。

众创空间这一经济新常态下的新型孵化器形态，是顺应新时代大众创新趋势的产物，对支撑我国经济结构转型，壮大小微初创企业，优化创业环境，改善经济活力具有重大意义。

第二节　大湾区城市孵化器建设情况

一、珠三角城市群孵化生态建设情况

在"双创"热潮中，广东省孵化器、众创空间建设驶入快车道，各项指标和增速居全国前列。截止到2018年全省纳入考核统计的科技企业孵化器达868家，其中国家级孵化器110家，国家级孵化器培育单位139家；纳入统计的众创空间共736家，其中试点单位139家，纳入国家级孵化器管理体系的众创空间共234家。广东省科技厅下发的2018年各地市孵化器、众创空间统计目标责任表如表5-1所示。

粤港澳大湾区城市群聚集了我国最富有创新性的科技企业，创新环境和开放程度都位居全国首位，为孵化器的发展提供了得天独厚的条件。依据表5-1我们可以看到，珠三角城市纳入省级考核统计的孵化器789家，众创空间635家，分别占全省的90.9%和86.28%。根据先前统计数据，早在2016年底，珠三角地区实现了70%以上的县（区）孵化器、众创空间覆盖。在

表5-1　广东省各地市孵化器、众创空间统计目标责任表

城市	众创空间	孵化器	城市	众创空间	孵化器
广州	158	260	潮州	4	6
深圳	209	191	汕尾	4	5
珠海	29	30	湛江	10	8
佛山	60	88	茂名	8	11
惠州	30	30	阳江	5	5
东莞	65	98	韶关	6	6
中山	45	47	梅州	24	8
江门	24	23	河源	12	8
肇庆	15	22	清远	6	4
汕头	14	11	云浮	2	2
揭阳	6	5			

孵化体系建设方面，珠三角城市充分对接了国家、省级政策标准，虽然在量化标准上各城市要求有所不同，但在孵化载体功能定位及评定的总体条件方面大同小异。下面以众创空间和孵化器数量最多的广州和深圳为例，详细说明。

广州是广深港澳科技创新走廊的重要节点城市，高校、科研机构等创新资源丰富，创新创业环境优越。作为第一批开展孵化器建设的试点城市之一，广州经过三十多年的发展建设，已经形成了多元资本参与孵化器建设的良好格局，并涌现出了大量新型孵化器机构。截至2019年3月31日，广州市经登记备案的市级及以上众创空间212家，孵化器339家。根据广州市科技局2018年9月发布的《广州市科技企业孵化器和众创空间管理办法》介绍，广州市对孵化器和众创空间的登记备案标准如表5-2所示。

表5-2　　　　　广州市孵化器和众创空间登记备案标准

名称	众创空间	孵化器
备案登记标准	1.在本市行政区域内注册的法人,并在广东省科技企业孵化育成服务平台登记备案。 2.设立专门的众创空间运营管理机构或部门,拥有专职孵化服务人员不少于3名。 3.可自主支配的场地面积不小于300平方米且提供不少于20个创业工位。属非自有物业的,应当保证至少3年自主支配权,保证众创空间的持续、稳定运营。提供的创业工位和公共服务场地面积不低于众创空间总面积的50%。公共服务场地是指众创空间提供给创业者共享的活动场所,包括公共接待区、项目展示区、会议室、休闲活动区、专业设备区等配套服务场地。 4.入驻创业团队和初创企业不少于10家(个)。 5.具备为入驻企业(团队)提供创业融资服务的功能,设立或签约合作设立面向创业者、创业团队及初创企业的创业种子资金,额度不低于100万元,实际投资项目不少于1个。 6.每年开展的创业沙龙、路演、创业大赛、创业教育培训等活动不少于10场次。	1.在本市行政区域内注册的法人,并在广东省科技企业孵化育成服务平台登记备案。 2.设立专门的孵化器运营管理机构或部门,拥有专职孵化服务人员不少于3名。 3.形成了创业导师工作机制和服务体系;能够提供2种及以上孵化服务:创业咨询、培训、金融服务、企业管理、市场、法律、人力资源、国际合作、技术开发与交流等。 4.可自主支配的场地面积不小于2000平方米。其中,在孵企业使用的场地(含公共服务场地)占比不少于50%。属非自有物业的,应当保证至少5年自主支配权,保证孵化器的持续、稳定运营。公共服务场地是指孵化器提供给在孵企业共享的活动场所,包括公共餐厅和接待室、会议室、展示室、活动室、技术检测室等配套服务场地。 5.在孵企业不少于10家。

深圳市当前的孵化生态体系由创客平台、创客空间、孵化器三类载体组成。截至2017年，深圳市级政府备案在册的孵化载体有349家，其中创客平台75家，创客空间165家，孵化器109家。针对这三类孵化载体，深圳市2018年度公示的认定标准如表5-3所示。

表5-3　　　　　深圳市孵化载体先行认定标准

类型	功能	现行要求
创客平台	为创客活动提供开放式服务的平台，重点支持创客培训，创意设计，开源软件、硬件，开模打样，小批量制造等服务平台。	1.申请单位应当是在深圳市依法注册、具有独立法人资格的企业，或深汕合作区内注册的深圳企业，注册资本不少于100万元人民币； 2.拥有为创客提供开放式服务的专业团队，专职团队人数不少于5人； 3.具备为创客提供开源软件硬件、开模打样、小批量制造、检测认证和科技产品众筹推广等服务能力和条件； 4.近两年为创客团队、创客企业（提供服务时企业成立不超过12个月）提供专业服务的案例不少于20个； 5.截至申报年度1月1日，创客服务平台运营时间不少于1年。
创客空间	为创客活动提供空间载体，支持为创客提供器材、工具、设备等硬件资源和相关软件，开展创意分享、资源对接、创业辅导等活动。	1.在深圳市依法登记注册、具有独立法人资格的企事业单位、社会组织；或深汕合作区内注册的深圳企业； 2.可自主支配场地面积500至3000平方米，其中创客个人或企业使用的场地（含公共服务场地）占75%以上； 3.可自主支配场地内的入驻创客团队、创客企业（截至本年度1月1日，成立时间不超过12个月）不少于20个，且截至申报截止日创客团队或企业的入驻时间不少于3个月； 4.拥有为创客提供创新创业辅导的专业团队，其中专职人员不少于3人； 5.截至申报截止日，创客空间运营时间不少于1年。

续表

类型	功能	现行要求
孵化器	为科技型创业企业或创新创业项目提供研发、试制、经营的场地和共享设施，开展创业辅导、投融资、市场推广等方面的孵化服务。	1.在深圳市依法登记注册、具有独立法人资格的企事业单位；或深汕合作区内注册的深圳企业； 2.孵化场地面积不低于3000平方米，其中在孵企业使用的场地（含公共服务场地）占75%以上； 3.制订了较完善的科技企业孵化制度； 4.可自主支配场地内的在孵企业（2014年1月1日以后成立，截至申报截止日入驻时间不少于3个月）达20家以上，且在孵企业所在行业领域应属于国家重点支持的高新技术领域、深圳市战略新兴产业或未来产业； 5.30%以上的在孵企业拥有自主知识产权（不含商标）；孵化器自有种子资金或孵化资金不低于300万元人民币，并至少有2个资金使用案例； 6.拥有提供孵化服务的专业团队，其中专职人员不少于5人； 7.截至申报截止日，孵化器的运营时间不少于1年。

分析对比广州和深圳两市孵化体系，深圳市在创客空间的基础上增加了区域创客平台建设，在众创空间（创客空间）、孵化器认定量化标准上要高出广州的登记备案标准。具体数据如表5-4所示。

对比分析广州市和深圳市现有的孵化体系以及登记备案标准，可以得知，深圳市在创客空间的基础上提出了为创客活动提供专业服务的创客平台的建设，进一步降低创业活动的门槛，并激发社会各界对创业活动的激情。从服务对象上看，创客平台、创客空间主要面向创客个人、团队或者成立不足1年的初创企业，其中创客平台侧重于为创客活动提供专业服务，而创客空间在创客平台的基础上对运营场地提出了量化要求，并在服务内容上做了进一步拓展；孵化器面向特定行业领域的科技型创业企业或创新创业项目，且对孵化载体的场地面积、孵化资金以及服务内容等方面要求更高。

因为创客空间天然有孵化器的属性，为了研究方便，后文中无特殊说明，我们把市场上运营的众创空间（创客空间）、孵化器以及加速器统称做孵化器。

表5-4　　　广州和深圳市孵化载体量化标准对比

孵化载体	众创空间		孵化器	
城市	广州	深圳	广州	深圳
场地面积	≥300平方米且≥20个工位；工位和公共服务场地面积占比≥50%	500~3000平方米；创客个人或企业使用的场地（含公共服务场地）占比>75%以上	≥2000平方米；在孵企业使用的场地（含公共服务场地）占比≥50%	≥3000平方米；在孵企业使用的场地（含公共服务场地）占比>75%
专职团队	≥3人	≥5人	≥3人	≥5人
在孵企业（团队）	≥10家（个）	≥20家（个）	≥10家（个）	>20家（个）
服务内容	开展创业活动≥10场次；设立有创业种子资金，额度≥100万元，实际投资项目≥1个。	/	形成了创业导师工作机制和服务体系；能够提供2种及以上孵化服务	自有种子资金或孵化资金≥300万元，投资项目≥2个；

续表

孵化载体	众创空间		孵化器	
城市	广州	深圳	广州	深圳
入孵企业（团队）要求	创业团队入驻时限≤24个月，初创企业成立≤36个月	团队（企业）入驻时间≥3个月；企业成立时间≤12个月	初创企业成立≤24个月，在孵时间≤48个月（特殊领域≤60个月）	团队（企业）入驻时间≥3个月；初创企业成立时间≤5年；≥30%的企业有知识产权
其他	面向以科技创新、商业模式创新为特征或从事软件开发、硬件开发、创意设计的群体	/	面向高新技术或现代服务业企业	面向国家重点支持的高新技术领域、深圳市战略新兴产业或未来产业

二、港澳特别行政区孵化生态建设情况

当"双创"的浪潮推动者"众创空间"席卷中国大陆城市时，一衣带水的港澳特别行政区也开启了各自的创业孵化征途。

1. 香港特别行政区

香港拥有背靠内地、面向世界的独特地理位置，是连接

海陆、沟通中外的重要节点城市。自2015年成立创新及科技局以来，香港政府全资拥有的香港科技园公司和香港数码港充分发挥创业孵化的作用，不遗余力地支持推动创新及科技产业发展。

香港科技园是香港创新资源的聚集地，也是香港特区政府推动创新发展的重要依靠，2017年11月，香港科技园挂牌成为香港首家国家级科技企业孵化器。香港科技园配合政府创新与科技产业需要，重点发展生物医药、电子、绿色科技、资讯及通讯科技以及物料与精密工程五大科技领域，致力于将香港打造为区域创科枢纽。香港数码港定位为创新数码社群，通过培育数码创新人才、扶植本地初创企业、促进与合作伙伴及投资者协作，集中发展金融科技、电子商贸、物联网/可穿戴科技、大数据/人工智能四个产业致力推动数码科技发展，为香港缔造创新的经济动力。多年来，数码港聚集超过1000家初创企业和科技公司。此外，香港特区政府于2017年委托香港生产力促进局成立的"知创空间"，通过技术支援和知识分享，协助初创企业和创客将创意转化为工业设计、原型及产品，从而培育香港的初创生态。

同时，香港的社会上力量也参与到企科创孵化的行业中来，各种创客孵化平台应运而生，诸如MakerBay、"黑客空间"等。由香港科技大学李泽湘教授、香港大学陈冠华教授以及著名投资人沈南鹏联合创立的香港X科技创业平台也于2016

年悄然诞生。

2. 澳门特别行政区

澳门地小人少，澳门中小企业服务平台、澳门青年创业孵化中心承载了澳门特区创新创业孵化的功能。

澳门中小企业服务平台设立于2014年，由澳门青年企业家协会与中银中小企业服务中心、澳门日报经济版合办，生产力暨科技转移中心协办，致力推动澳门中小企业发展、促进青年创新创业。

澳门青年创业孵化中心于2017年10月交由澳中致远投资有限公司运营，并于2018年10月正式挂牌成为港澳地区首家国家备案众创空间。

第三节　大湾区孵化器运营模式分析

一、孵化器服务内容综述

孵化器作为初创企业和团队的摇篮，旨在为入孵创业者搭建一个创业办公、行业交流、资本对接的交流平台，为企业的生存和发展提供保障。根据孵化器为企业提供的服务功能特点，其服务内容主要体现在以下几个方面。

1. 基础设施与环境服务

依靠自身优势资源通过统筹安排布局，为入孵企业提供物业、行政、办公、休闲等全套基础设施服务，包括便利优质的办公环境、齐备的办公设备、智能化办公系统、先进的研发设备、健全的办公休闲功能区等，打造个性化办公平台。

2. 专业化商业服务

围绕创业者需求，为企业提供物业的同时提供专业化软服务，包括公司注册、政策咨询、人才招聘、财税法务、知识产权、产品研发、工业设计、生产制造、市场推广、品牌营销、创业辅导和培训等商务服务。

3. 网络与资源服务

通过强大的行业资源整合能力，聚焦创业需求，为入孵企业提供多样化的网络与资源服务：根据特定的行业和技术、产品、体系结合，提供专业化的行业软性和硬性技术服务、战略咨询和运营诊断服务、产业链上下游对接和市场资源服务、资本运作服务等，打造完整孵化链条生态。

在"双创"的号召下，社会上出现了很多孵化器，但是运营服务良莠不齐。部分孵化器以盲目或投机的心态进入了创业孵化行业，既没有好的商业模式设计，也难以提供创业所必需的各项增值服务，建设过程中仅关注于交通、装修等基础硬件设施。这种传统的"二房东模式"，空有创新之名，而无孵化之实，在近两年的残酷竞争中正被逐渐淘汰出局。

二、按运营主体分类的运营模式分析

通过调查研究运营当中的孵化器，我们从投资主体角度将这些孵化器分为5种类型：①政府政策导向的产业孵化器；②高校及科研机构创办的技术转移型孵化器；③大型企业建设的垂直孵化器；④由投资机构投资建设创投型孵化器；⑤由地产商投资建设的孵化器。下面我们将从投资主体的角度对这几类孵化器从功能定位、孵化模式、盈利模式以及典型案例几个方面来说明。

1. 政府政策导向的产业孵化器

功能定位：这类孵化器的产生源于政府产业政策导向，一般由政府或行业协会主导，针对某一产业进行定向孵化。此类型孵化器依托强大的政府后盾以及行业资源为入孵企业提供资金和技术支持，同时提供其他增值服务，实现政府战略引导、专业公司运营、龙头公司带动、公共平台支撑，聚集产业链各个环节的核心企业，健全产业创新生态系统，完成政府在区域产业转型、创新发展上的功能要求。

孵化模式：该类孵化器多属于政府主导投资建设，早期的传统孵化器大多属于此类。此类孵化器基于地区乃至整个国家的战略高度，所选孵化项目具有很强的地方特色或带有政府倾向性的产业，能优化调整地区产业结构，对整个地区的经济发展起到战略性的带动作用。在具体孵化的方法上，政府也能以其特殊的地位，在资金、人力及各项政策上予以所孵化的对象各种优惠，且政府在孵化过程中的引导示范，有利于将社会的各种资金、人才吸引到重点项目，为整个地区资金的有效运作、人才的有效使用提供重要的渠道。

盈利模式：政府制定的财政政策朝此类孵化器类企业倾斜，加之政府做引导与专业股权投资基金合作，培育在孵企业做大做强，政府从中实现经济增长回报的同时，促进产业调整实现飞跃。

典型案例：如国家集成电路设计深圳产业化基地孵化器（深圳集成电路设计产业化基地管理中心）、深圳高新区生物孵化器（深圳软件园管理中心）、广州火炬高新技术创业服务中心、香港科技园、香港数码港等。

2. 高校及科研机构创办的技术转移型孵化器

功能定位：这类孵化器通常由高等院校、科研院所等机构主导创立，是在校学生参与"双创"的窗口，也是高校师生研究成果转化的平台。高校创办孵化器，一方面，鼓励学生创新创业，为学生创业提供创新实践的舞台；另一方面，通过孵化器的运营，推动高校及科研院所科技创新成果孵化和产业化。

孵化模式：这类孵化器背靠智力资源、科研实力雄厚的机构，充分依托大学、科研院所的技术、研发能力以及广泛的校友资源，为入驻企业提供技术咨询、设备支撑等相关服务，为企业核心技术攻关提供强大的技术支持。

盈利模式：此类孵化器的盈利点主要在于实现自身科技成果的转化，其与高校设立的技术转移中心、创新创业学院、投资管理公司等机构一同形成完备的从产学研合作到技术转移的成果转化体系。

典型案例：如深圳大学中英科技创新孵化器、南方科技大学科学园孵化器、深圳清华大学研究院（孵化器）、广东装备制造与信息创新创业园、中山大学国家大学科技园、广东财经大学的"财大创谷"等。

3. 大型企业主导建设的垂直孵化器

功能定位：此类孵化器的主导者通常为大型企业，拥有雄厚的资金实力，通过成立开放技术平台，以企业庞大的产业资源为创业者提供高效便捷的创新创业服务，激发内部员工创新创业激情的同时，吸引外部高端人才加入企业。主导企业在孵化器中可发掘出潜力股，以帮助自己在打造未来新型业务模式中实现突破。

孵化模式：依赖孵化器主导企业强大的人才、资金和平台支持，为创业者共享企业内部的设备资源、行业资源以及人脉资源。此类孵化器一般拥有高水平的管理团队、较强的专业顾问辅导能力，既能为重大关键技术转化提供种子资金，又能帮助创业项目提升抗风险能力，为其配置更多社会优质资源，提高孵化能力。

盈利模式：通过企业内部孵化环境的建设和项目育成，激活企业内部创新活力，寻找新的利润增长点，增强企业竞争力。

典型案例：华讯方舟创客空间、富士康科技集团"云之咖啡"创客大本营、深圳长虹科技建设的深圳众创工场创客空间、腾讯众创空间、百度创业中心、中国移动的"和创空间"等。

4.由投资机构主导运营的创投型孵化器

功能定位：该类孵化器通常由民间资本如各大创投机构主导，创投机构通常有强大的融资能力和资源对接能力，可以为入驻孵化器的创业企业解决资金问题和对接产业资源，为初创团队的市场推广提供平台和渠道，创投机构也可以通过利益捆绑的方式来实现持续盈利，从而达到创业者和投资人双赢。

孵化模式：此类孵化器借用了美国成熟的孵化器模式，是当下创新型孵化器的主流模式。该类孵化器根据行业偏好采取对标投资，有严格的项目入孵标准，倾向于具有创新科技或创新服务模式的企业。在项目筛选阶段就引入天使投资人介入，整合天使投资机构的专业孵化技术与管理经验和社会商脉资源，全程参与孵化过程，加速提升孵化能力和项目成功率。

盈利模式：此类孵化器在前期不追求盈利，甚至在入孵时提供天使投资基金，在企业毕业的后续融资中通过股权溢价实现盈利；对于优质的项目，孵化器会一直伴随至IPO。

典型案例：松禾创新基地孵化器、中科瑞智孵化基地、IDH创展谷、创新工场、香港X科技创业平台等。

5. 由地产商主导建设的孵化器

功能定位：此类孵化器的主导机构一般为大型地产商，是产业地产商面临产业地产过剩时探索转型的主要路径之一。在国家大力鼓励创新创业的政策下，产业地产商探索转型路径，转变传统物业加租金的模式，依托自身资源为企业提供孵化服务，从而同时实现物业增值和企业服务增值。

孵化模式：地产商背景的孵化器，通过为创业企业和团队提供开放式、低成本的办公空间，缩小一次性租赁面积且缩短常规型的租赁周期，提高了办公场地租赁灵活性；同时围绕企业需求引入导师辅导机制、创业沙龙、天使投资等一系列创业扶持计划，逐渐形成了产业地产+科技金融+产业孵化的新模式。

盈利模式：此类孵化器的运营一方面完成地产业务招商，解决了房产空置率问题，同时还能通过为企业提供服务及创业投资获得增值收益，其盈利模式同创投机构主导的孵化器。

典型案例：华夏幸福的太库、华润旗下的润加速产业加速器，雅宝房地产开发有限公司的星河WORLD科技孵化器、微漾、优客工场等。

三、孵化器运营中存在的问题

由于新型创业孵化器在我国的兴起时间不长，其运营及盈利模式还处在摸索阶段，尚存在较多的不足。深圳相比国内其他城市，孵化器发展相对较好，但与其他孵化器产业发展较好的国家相比仍然存在差距。

从运营模式来看，一些孵化器能够利用的资源有限，仅仅提供办公空间，缺乏创业服务咨询、培训、融资渠道、资源对接等条件，试图复制成功孵化器的模式，但缺乏大企业、高校等丰富的资源和经验，没有形成自己的核心竞争力，无法帮助创业团队取得关键性的发展，因此对创业者来说吸引力不高，能够入驻的创业团队也越来越少。

从盈利点来看，部分孵化器通过提升自身服务获得了增值性收入，包括创业教育、创业投资、创业网络等，但绝大多数孵化器的收入来源于物业租金收入、政府补贴、税收优惠和专项资金支持等，并以租金收入为主。以收取租金为主的经营模式极易造成资金链断裂，资金流易陷入困境；依靠股权变现的模式因变现的周期较长也不足以支撑其长期运作，使孵化器面临运营维护的困境。

四、孵化器发展方向

从国际孵化器的发展路径来看，孵化器早期主要由政府主导建设运营，但随着孵化器的发展成熟，孵化器将引入多元化投资主体并形成完善的孵化器公司化管理制度，最终形成大规模的创业孵化集团或者孵化器网络，充分发挥孵化器的资源汇聚和整合作用。当前，随着孵化器的发展，很多利益相关方开始进入这个市场，包括政府、高校、企业、投资公司，甚至地产公司。我国正处在投资主体多元化向创业孵化集团进阶的过程中，并已逐渐开始形成专业的孵化器运营管理机制。

从宏观层面上看，随着政府政策引导以及资本市场的催化作用，企业孵化最终将上升到产业孵化的高度，并形成产业运作和资本运作的综合平台。

从微观层面上看，孵化器与风险投资更加紧密地结合，初创企业融资难的问题也将得到有效解决；增值服务有偿化，孵化器产业将摆脱长期以来低利润甚至无利润的窘境，集空间、服务、资本要素于一体，形成空间+投资+服务+系统的创业孵化生态，推动产业创新升级。

五、大湾区孵化器建设政策建议

在粤港澳大湾区建设国家战略下，城市的发展已经逐步从原来的单个城市之间的竞争发展转变为城市群的协同发展。在历史机遇面前，我们对湾区城市在孵化生态体系建设方面做出以下几点参考建议。

第一，湾区城市根据各自产业结构，着力打造产业专业型孵化器，促进区域形成完整的产业链条，从而推动本地经济结构转型升级。

第二，区域内建立孵化器联盟，促进行业之间交流协作和资源共享，并制定行业标准，实现孵化器运营评价指标标准化。

第三，粤港澳湾区作为一个整体，粤港澳城市群应携手合作，充分调动各方优势资源，协作发展。充分发挥广州、深圳在科创领域积累的企业孵化、孵化载体管理与运营等方面的优势和资源，利用香港、澳门全球孵化资源、人才引进、资本管理等方面的优势，共同助力港澳广深创新孵化生态系统的搭建，推动珠三角乃至于粤港澳大湾区之间科技企业的交流与合作。

第四节　大湾区代表性孵化器概览

一、微漾——"产业地产+产业创新+科技金融"融合发展的推动者

微漾（深圳）新产业运营有限公司成立于2014年9月，坐落在中国创新氛围最为浓郁的深圳湾创业广场核心区域，致力于打造集共享空间、投融资服务为一体的创业生态孵化器。微

漾秉承"生态化创业、产业化创新"的理念，搭建有效对接平台，加速小微创业创新发展，助力传统企业转型升级，为区域性产业转型升级提供智慧支撑，开创了中国产业园区"产业地产+产业创新+科技金融"新模式。

作为一家双平台驱动的专业产业孵化运营机构，一方面，微漾赋能产业园，突破传统园区单纯空间运营的载体，开展产业端的价值运营，围绕产业垂直领域做底层服务；另一方面，微漾设立大企业联合创新中心，充当创新性初创公司和行业领先公司之间的连接器，借助小企业的创意活力助推大企业的创新，通过大企业的产业资源助力小企业的创业。

成立至今，微漾建立了覆盖欧洲、北美、亚太以及中国境内10余座城市，涵盖500余家孵化器、投资机构的创新网络。与包括中兴通讯、三一重工、中信集团、海尔集团、富士康、日本京瓷、日立集团、亚马逊、微软、宝马、博世汽车、法国电信等50余家全球行业领先企业紧密合作，建立大企业创新需求的合作平台"支点系统"，吸引了全球超过4000余家创新型初创公司。微漾发起成立包括"GTA深圳科技倡导组织""国际影响力投资俱乐部""粤港澳大湾区投资人中心""深圳市网联汽车创新中心""微漾北美创新中心""GIIC全球创新影响力大会"等创新组织，累计运营的孵化空间面积达8万平方米，参与风险投资的规模超过6亿元人民币，推动200余家初创企业实现快速成长。

二、微游汇——移动互联产业链创业资源整合者

微游汇孵化器位于龙岗区大运软件小镇，是新动集团联合深圳市龙岗区产业投资服务集团共同打造的一家极有特色的移动互联网孵化基地。微游汇对标美国硅谷全球顶级孵化器YCombinator，以产业链服务和资源整合为特色，致力于整合资源，搭建协同创业圈，构建以新型商业盈利模式、新资源整合机制、新孵化载体形态为主要特征的新型孵化模式。

微游汇聚焦移动互联网，不仅可为创业者提供免费空间、丰富的智能软硬件资源，更发挥自身在移动互联网行业深耕多年的优势，整合各方资源，为创业者提供综合服务交流平台，构建了一套可持续的移动互联生态链式创业服务体系。微游汇创造性地建立了开放式的创业导师模式，不定期组织专项辅导，为创业团队排忧解惑；首创"国际创客相亲会"活动，为创业企业投融资对接重要的合作资源。

成立以来，微游汇得到了深圳市政府、龙岗区政府、深圳市移动互联网促进会、阿里云计算、广东中小企业融资与上市促进会以及中国数百家风险投资机构和天使投资人的大力支持。

三、星云加速器——国内首家配套云手板工厂的加速器

星云加速器由星云创始团队与联想之星、蓝驰创投、荣盛投资等多家知名VC机构、产业基金于2014年联合投资成立，是国内首家拥有硬件供应链解决能力的新型创投加速平台。星云加速器专注于硬科技创业领域（软硬件结合、人工智能、智能机器、消费硬件、可穿戴设备、智能医疗等），集创业加速、投资、云工厂、供应链于一体，开展从方案到量产一站式支持的专业服务模式，助力硬创项目快速迭代，推动产业生态建立，发现、培育并服务一批未来即将成为伟大的公司快速成长。

星云先后在华北、华东、华中、华南几大区域建立了孵化中心，完成全国布局。其中，旗舰加速器于2015年3月在深圳湾创业广场正式开放，面积达8000平方米，是目前国内最大的硬件加速器，专注于智能硬件垂直领域。自2015年起，星云加速器联合华强聚丰连续多年主办了中国硬件创新大赛，参赛项目涵盖了从可穿戴设备、智能家居、便携设备、智能出行、智能医疗、人工智能、机器人、无人机等20多个热门领域，累计近1500个硬件创业项目报名，300支优秀硬件创业项目输送至"深创赛"，300多家顶级资本合作伙伴，200多家生态合作伙伴，

10万多个工程师及创客群体积极参与。同时，星云开展项目路演和研发、运营、设计等沙龙，与Google、微软等联合举办论坛数百场，组织项目参加双创周、高交会等展会10余场；参与美国、以色列、韩国、加拿大等海外活动10余场。星云承办的科技部人才中心CEO特训营累计培训超过160名CEO，其中有部分企业已经实现IPO和新三板挂牌。目前，星云共孵化了230余个创业团队，在孵化期间项目融资共30亿，估值增长累计超过100亿。

四、源创力孵化器——海外源头创新资源与中国产业需求的连接者

源创力孵化器（以下简称"源创力"）由深圳本土企业家与美国硅谷创业家共同创办，以"探索源头创新路径、推动战略新兴产业、吸纳国际资源、推动创新创业"为原则，全力聚焦"智能硬件及机器人、健康医疗、新材料及新能源、大数据及应用、金融科技、信息安全"等改变世界的六大行业，努力打造集"创玩、创意、创新、创造、创业"于一体的可持续发展的综合生态系统，旨在成为全国最大的创客产业链聚集区。

"源创力"依托中科协海外人才离岸创新创业基地、中国

源头创新百人会、清华大学创新发展研究院、深圳国际创新驿站、硅谷丰元创投（ZPark Capital）等技术、产业资源，以引进海外高科技项目和高端人才为目标，以实现从海外团队当地孵化到创新企业引进孵化、再到新型产业落地孵化的全链条服务，为深圳建设国际科技、产业创新中心集聚新动能。

源创力设立源创力波士顿海外创新中心，举办海外双创活动，通过扎根当地主流科技圈的专业团队，重点关注生物医疗、信息通讯、智能制造、新能源等领域的创新技术，每年扫描500~1000个项目，向深圳会员企业推荐50~60个精品项目，为深圳企业的科技创新与产业转型升级需求提供服务。

五、源泉汇创业孵化器——中以交流合作践行者

源泉汇创业孵化器以深圳湾为总部，以深圳和特拉维夫为双轮驱动，以深圳市相关园区为载体，聚焦网络科技、金融科技、智慧城市、智能制造、文化教育等产业方向，是集孵化服务、投融资服务、创业培训、国际技术转移一体的生态型产业孵化器，是中以两地科技合作的重要平台，是深圳市十大海外创新中心之一。自2015年成立开始，源泉汇就致力于以色列科

技项目的引进和转化，结合自身资源和渠道优势，为深圳开放式创新拓宽科技和产业创新的渠道和源头。

当前，源泉汇与以色列创新署、以色列理工、特拉维夫大学、奇点创投、Trendlines、Startupeast、CITI加速器等大学、孵化器和科技企业建立了密切的合作关系，在生物医药、安防、人工智能、航空航天、无人机、机器人等领域进行了深度的科技项目的孵化、引进与合作，探索出了一套行之有效的双边孵化模式；同时，源泉汇在以色列当地创立了创新中心，组建了国际化的服务团队，招募优秀人才负责以色列创新项目的信息平台建设，着手布局以色列创新资源，并通过"以色列科技周""以色列项目路演会""以色列创新沙龙""世界青年创新分享沙龙""中以文化沙龙""以色列TOP100"栏目等活动，吸引两国创新、投资、产业等人才，促成了一大批项目的交流合作。源泉汇的中以孵化器合作模式，促进了中以双方在高科技创新创业上的交流合作，让更多的以色列项目在深圳落地生根，使深圳引得以色列这个创新"源头"的高科技"活水"，让深圳创新的"清渠"更有活力。

截至目前，源泉汇已累计成功孵化培育项目超过100多个，日常在孵项目近20个。已经投资或落地以色列科技项目10多项。此外，源泉汇还有2000个会员、100个路演推广项目、500个储备项目、20个项目获得投资。

六、太库全球孵化器——全球创新中心运营和创新资源整合者

太库科技创业发展有限公司（太库全球孵化器）创立于2014年，是一家专注于全球创新中心运营和创新资源整合的专业机构。在创始人黄海燕的带领下，太库科技紧扣"全球化、专业化、商业化、产业化"的发展理念，聚焦大健康、人工智能、新材料、高端制造、物联网、智能网联汽车等六个领域，通过整合产业链资源，构建产业创新体系，帮助区域搭建创新产业培育平台，组织产业、资本、技术系列活动，快速在区域内形成人才、技术、项目的集聚。太库现已在全国范围内打造出太库环北京大区（太库北京、太库丰台、太库固安、太库廊坊、太库香河、太库大厂）、太库环上海大区（太库上海、太库南京、太库嘉善）、太库环深大区（太库深圳、太库广州）和太库中西部大区（太库武汉、太库成都），并形成了太库智能网联汽车产业集群和太库AVR创新产业集群。此外，太库布局全球创新高地、汇聚全球资源培育企业、全球企业引进来/走出去，已经与多个国家的政府机构结成战略合作伙伴，并在美国、以色列、德国、韩国、芬兰、俄罗斯等全球7个国家、25个城市建立了31个专业孵化器和加速器，全力打造"全球创新的中国名片"。

截至2018年11月底，太库科技累计培育加速创新企业1552家，融资总额超过162亿元，总市值超过1441亿元，知识产权数4744项，全球会员企业超过2万家。45%企业获得融资，20家企业拟挂牌上市，5家企业被收购，估值过亿的117家，估值过5亿的39家。

太库全球孵化器获得多方认可，被Entrepreneur评为全球前十强的海外创业企业全球加速器，获得2017年中美孵化峰会年度孵化器大奖，并作为新型孵化器的代表，成为国际创业孵化产业联盟的发起单位，以及中芬创新企业合作委员会在创新产业领域的第一个理事单位。

七、珊瑚群——生态型创新加速器的开创者

深圳市珊瑚群创新服务有限公司（珊瑚群创新加速器）成立于2015年9月，是国内首家"以设计驱动创新"的生态型创新创业服务机构，始创B2S产业创新模式（Business backed Startup），将大企业的资源与小微企业的需求有效结合起来，实现大企业开放产业资源帮助创业公司发展，创业公司的创新能力帮助完善大企业生态，双方在开放合作中实现共赢。珊瑚群集产业运营、企业服务、创业投资于一体，聚焦互联网+、物

联网、智能科技、机器人、消费与服务、文化创意、健康环保等领域，专注于营造创业生态，通过"链接（B2S模式）、促进（以产品力、模式力、团队力、管理力、愿力创新五力为内核，以创新学堂、创新加速营、创新峰会等为载体，帮助企业创新，促进企业发展）、自组织（打造线上线下结合的创新创业社群组织创新者公社，将创业者、企业家、投资人、大企业高管等链接在一起，在创新创业生态圈中自组织发展）"的核心能力，为创业企业提供强大支持。

珊瑚群联合立白集团、深圳海归协会、长江商学院、中国创新创业大赛港澳台赛组委会、创业邦、创头条、微链、创业沙拉、猎云网等合作伙伴，通过产业赋能、资本赋能、导师赋能、品牌赋能、社交赋能、政策赋能，打造资源丰富的创新创业生态系统。当前，珊瑚群已在深圳、广州、佛山等城市布局，与腾讯、京东、三诺、华诺创投、南极圈、华友会等企业或机构达成战略合作。珊瑚群目前运营有腾讯众创空间（深圳）、腾讯众创空间（广州）、三诺·珊瑚群创新加速器、丰明·珊瑚群创新加速器、福田区两岸青年创新创业中心等多个众创空间，服务超过300家创业公司，链接全国数千位创业者。2018年里，珊瑚群收到了近1500家企业入驻申请，21家企业在入驻后获得新的融资；2018年空间入驻项目融资总额近7亿元，总估值高达420多亿元；举办了近300场创新创业交流活动，覆盖数十万创新创业群体，助力创业者加速成长；接待了近300个来自各地政府、高校、企业的参观团队；8家入驻企业获得各类奖项，广深两个社区获得新的荣誉肯定。在运营过程中，珊瑚群先后获得国家级众创空间、腾讯众创空间优秀运营方、、胡润百富最具贡献孵化平台百强榜深圳50强、深圳创新榜年度创业服务机构等多项荣誉认定。

八、WE+酷窝——国内联合办公的领创者

WE+酷窝是上海帷迦科技有限公司2015年开始打造的以联合办公空间为载体，以人为本，以共享经济为核心的创业办公生活圈。WE+酷窝通常选址城市的核心地段，通过办公空间功能优化布局，共享办公设施，构建创业社群，让入驻企业以最优价格在最繁华区域拥有优质办公空间。WE+酷窝当前已在全国近20个城市布局，包括上海、北京、广州、杭州、深圳、苏州、成都、乌鲁木齐等；同时，WE+酷窝在芬兰赫尔辛基、美国旧金山与澳大利亚墨尔本等地均有布局，是首个走向全球的中国联合办公品牌。

WE+酷窝以"产品、服务、投资、管理"四大环节为核心，结合WE+Lab（商业空间）WE+Living（长租公寓），打通办公、居住与商业的界线，让办公、生活与娱乐完美合一。

以规模化的联合办公平台，强大的服务和资源对接能力，不断完善发展的企业服务创新，打造一套独立运行并相辅相成的联合办公生态圈。至今，在WE+酷窝下成功被投的企业数量已超过400余家，其中绝大部分集中于互联网+、文化传媒、娱乐游戏、TMT等前沿行业。

深圳WE+酷窝坐落于深圳南山区学府路，紧邻软件产业基地深圳湾创业广场，是由国内联合办公领域两大领先品牌WE+联合办公空间与酷窝COWORK办公社区合并成立。自成立以来，WE+酷窝始终致力于为各类型企业及创业者提供"创新创业"的优渥土壤与一流的办公环境，并且得到了深圳市政府、南山区政府的大力支持，已帮助多家入驻企业走向了创业成功之路。

九、IDH创展谷——创投型孵化器先行者

深圳市创展谷创新创业中心有限公司（简称IDH创展谷），是创东方投资控股的综合类创业服务机构，成立于2014年，通过整合创新资源，搭建创业平台，为创新企业提供综合性、全方位保姆式服务与导师式辅导。IDH创展谷确定了创投型孵化器的发展方向，对标孵化投资TMT（涵盖新技术、AI

等)、大消费/消费升级、文化创意等几大领域，建立了"创新企业孵化器+企业加速器+孵化基地"+"天使基金"的"3+1"服务运营模式，引入"一对一"导师带路模式，依靠强大的创投后盾，为企业提供发展所需的全方位创业资源。

IDH创展谷在深圳、北京、武汉等地设有孵化基地，南昌等地正在筹建中，管理规模已超50000平方米；已经为超过200家企业提供了"孵化器+加速"服务，包括国内首家提供基于4G通信技术的车联网设备商"安煜信息"，在2016年全国"双创周"活动中被李总理点赞的"声活"，天行创新科技、云立方、青童时代等精品项目。

截至当前，IDH创展谷斩获了以下荣誉称号：国家级众创空间、南山区科技企业孵化器、胡润百富2017中国最具孵化平台百强榜深圳50强、CLPA中合会2017–2018年度最佳众创空间10强、2017深圳互联网最佳创客空间、深圳市团市委"鲲鹏汇"青年服务机构、创业南山"创业之星"大赛合作机构、第四届中国创业服务峰会CESS2017届最佳创业孵化器、首个南方基地——"同创谷深圳基地"、2018建行金融科技创客行大型系列活动合作伙伴、深圳湾孵化器内部评比第3名、粤港澳大湾区大学生创新创业单位、中韩投资联合体会员单位。

【参考文献】

[1] 金羊网.建议推出大湾区青年卡 方便港澳青年入粤就业，2018年1月25日

[2] 南方都市报.仲恺港澳青年创业基地即将投入运营，2019年4月12日

[3] 南方日报.松山湖拟投13亿元用于人才改革试验，2018年12月13日

[4] 南方日报.引进万名全球顶尖人才建机器人硅谷，2019年4月10日

[5] 南方新闻网.中山：加快聚集粤港澳青年创新创业资源，2019年3月1日

[6] 蛇口消息报.深港青年创新创业基地 打造港澳青年创业最佳舞台，2019年3月15日

[7] 王辉耀.海归群体是中国与世界交流的天然纽带.人民论坛网，2018年6月26日

[8] 于欣伟等.中国广州科技创新发展报告（2018），北京：社会科学文献出版社，2018

[9] 中央广播电视总台国际在线.前海深港青年梦工场——全世界创客的乐土，2018年7月27日

[10] 谢宝剑，胡洁怡.港澳青年在粤港澳大湾区发展研究.青年探索，2019年第1期

[本书同时参考了以下资料：澳门特别行政区统计暨普查局《2018年统计年鉴》，澳门特别行政区统计暨普查局.《公司统计》，东莞市统计局.《2018年东莞市国民经济和社会发展统计公报》，东莞市统计局《2018年东莞市主要经济指标》，佛山市统计局《2018年佛山市国民经济和社会发展统计公报》，佛山市统计局《2018年佛山市经济运行简况》，广东省人民政府经济和信息化委员会《广东省数字经济发展规划（2018-2025年）》，广东省人民政府科学技术厅《2018年各地市孵化器、众创空间统计目标责任表》，广州市市场监督管

理局.《2018年广州市市场主体发展情况分析报告》，广州市统计局.《2018年广州市经济运行情况》，广州市统计局,国家统计局广州调查队.《2018年广州市国民经济和社会发展统计公报》，惠州市人民政府.《2019年惠州市政府工作报告》，惠州市统计局,国家统计局惠州调查队.《惠州市2018年国民经济和社会发展统计公报》，江门市人民政府.《2019江门市政府工作报告》，江门市统计局.《2018年江门市经济运行简况》，江门市统计局,国家统计局江门调查队.《2018年江门市国民经济和社会发展统计公报》， 全球化智库（CCG），智联招聘.《2017年中国海归就业创业调查报告》，深圳市市场监督管理局.《2018年1-12月深圳商事主体登记统计分析报告》，深圳市统计局.《2018年深圳市国民经济和社会发展统计公报》，深圳市统计局.《2018年深圳市经济运行情况》，香港特别行政区公司注册处.《统计数字》，香港特别行政区贸易发展局.《粤港澳大湾区各市主要经济指标（2018年）》，香港特别行政区统计处.《2016年中期人口统计主题性报告：青年》， 肇庆市统计局.《2018年肇庆市经济运行情况》，肇庆市统计局.《肇庆市2018年国民经济和社会发展统计公报》，智研咨询.《2019-2025年中国科技企业孵化器市场发展模式调研及投资趋势分析研究报告》， 中国人民政治协商会议第三届广州市南沙区委员会第四次会议提案.《加大粤港澳青年创新创业基地建设力度助推粤港澳大湾区发展》，中华人民共和国教育部.《2018年度我国出国留学人员情况统计》，中华人民共和国科学技术部.《2017年中国独角兽企业发展报告》， 中山市工商行政管理局.《中山市2018年市场主体登记信息综合分析报告》，中山市统计局.《2018年中山市经济运行简况》，中山市统计局.《中山市2018年国民经济和社会发展统计公报》，珠海市市场监督管理局.《2018年上半年我市商事主体登记情况》，珠海市统计局.《2018年珠海市经济运行简况》，珠海市统计局,国家统计局珠海调查队.《2018年珠海市国民经济和社会发展统计公报》]